我们是如何辩护的
（2021）

洪　流·主编

竺培艺·执行主编

HOW to DEFEND
（2021）

知识产权出版社
全国百佳图书出版单位
—北京—

图书在版编目（CIP）数据

我们是如何辩护的.2021／洪流主编.—北京：知识产权出版社，2021.12

ISBN 978－7－5130－7893－1

Ⅰ.①我… Ⅱ.①洪… Ⅲ.①刑事诉讼—辩护—案例—中国 Ⅳ.①D925.210.5

中国版本图书馆 CIP 数据核字（2021）第 274630 号

责任编辑：齐梓伊　　　　　　　　　责任校对：王　岩

封面设计：SUN 工作室　　　　　　　责任印制：刘译文

我们是如何辩护的（2021）

洪　流　主编

出版发行：**知识产权出版社** 有限责任公司	网　　址：http：//www.ipph.cn
社　　址：北京市海淀区气象路 50 号院	邮　　编：100081
责编电话：010－82000860 转 8176	责编邮箱：qiziyi2004@qq.com
发行电话：010－82000860 转 8101/8102	发行传真：010－82000893/82005070/82000270
印　　刷：天津嘉恒印务有限公司	经　　销：新华书店、各大网上书店及相关专业书店
开　　本：787mm×1092mm　1/16	印　　张：14
版　　次：2021 年 12 月第 1 版	印　　次：2021 年 12 月第 1 次印刷
字　　数：207 千字	定　　价：78.00 元

ISBN 978－7－5130－7893－1

《我们是如何辩护的（2021）》
编辑委员会

序　言

　　提起刑事辩护律师，很多人也许就会联想到西装笔挺、器宇轩昂、口若悬河、帅气多金等词。但事实上，刑事辩护律师这个群体，无论从收入还是职业风险来看，都可能是律师群体里性价比最低的。当观众们通过各种剧集对刑事辩护律师的形象先入为主时，或许就不太关心刑事辩护律师这个群体真实的执业活动到底是什么样子。

　　如果我告诉您，刑事辩护律师可能辩护数百件乃至上千件刑事案件才会有一件无罪判决案件；如果我告诉您，刑事辩护律师稍有不慎就会受到相关刑法条款规制；如果我告诉您，现在从事刑事辩护的年轻律师越来越少，您还有兴趣翻开这本书吗？

　　但不管怎样，总有这样的律师，一心坚守法治，对职业爱的深沉，忠于操守，始终默默地以实际行动为他们的委托人维护自身权益。为了让委托人早日获得自由，他们不怕累、不怕难，风雨无阻地奔波在看守所和公检法机关之间，他们就像是中国法治道路上的一枚枚铺路石，用自己的青春、汗水和智慧，谱写着中国刑事辩护人的篇章。

　　从事刑事辩护业务的"明星"或者"大牌"律师毕竟是少数，更多的是那些平凡但又不惧风雨，能冲在最前面，高举辩护人职业大旗的律师。这些同行或许更多是为了生计，没有太高大的理想，但不可否认的是，他们无形中成为了辩护行业的先锋队伍，绝大多数的刑事案件辩护就是由这些普普通通的辩护律师完成的。

　　这本书不是传奇，不是神话，只是用案例手记的方式告诉读者，中国绝大多数刑事辩护人平时是如何办案，如何兢兢业业地为自己的当事人提供法律服务。这本书记录了他们辩护的过程、思路和心得。这些经验也许有不足，也许还有错误的地方，但却勾勒出当下中国刑事辩护的大部分真实影像。这个行业充满神秘感，当你在行业门外时，你会对这个行业充满想像，而当你置身于这个行业时，你又会对一切习以为常，唯以保持入行时的初心才尤为可贵。

这种初心，就是尊敬，尊敬你的行业，尊敬你的客户，尊敬法庭，尊敬法律。

本书作者既有上海邦信阳中建中汇律师事务所的律师，也有邦信阳中建中汇武汉、西安、杭州、厦门等律师事务所的律师。这些人中，有的人为了合法地降低委托人的量刑期，哪怕只是一天，也不惜时间与精力奔波往返；有的人为了给委托人做无罪辩护，经历长达十年的多次审理，也无怨无悔，因为委托人能被宣告无罪就是他们最好的慰藉。

书中的文字也许平淡枯燥，但手记内容却是真情流露，这些手记用最原生态的方式，记录着辩护人的工作，我们唯愿尽所能地给予读者一点帮助和启迪。

洪流[*]

2021 年 4 月 7 日于上海金外滩

---

[*] 洪流，北京大学法学硕士。上海邦信阳中建中汇律师事务所创始合伙人，上海市律师协会刑事业务研究会会员，华东政法大学法制新闻研究中心高级研究员，万通教育集团万通心理学院特聘教授，《新民周刊》原"律师法眼"专栏作者。先后有《新公司法与公司犯罪》等四十余篇刑事法学论文发表于法学期刊报纸，其中关于毒品犯罪的两篇论文被收入《惩治毒品犯罪理论与实践》一书；合著图书《欧洲共同体法律的制定与执行》，独著图书《法眼——律师眼中的中国法治》《法问——律师眼中的中国法治》《青青芒果季——刑庭法官手记》，参编图书上海市律师协会刑事业务研究委员会主编的《刑事辩护进阶律师实务》。

| 目 录 |

1. 吴某某强制猥亵案[①]

陈 震[*]

> **辩护切入点**
>
> 依法明晰最高人民检察院指导案例要旨的效力；
>
> 结合理论和指导案例的实际场景，厘清如何界定性犯罪的"公共场所当众"之加重情节。

【案情简介】[②]

2019 年 × 月 × 日凌晨 3 时许，被告人吴某某酒后与男女同学共 4 人进入某高校被害人贾某某（女，15 岁）宿舍，并一起在该宿舍休息。其间，被告人吴某某躺在被害人贾某某床上休息，被害人贾某某遂倚靠床边睡着。凌晨 6 时许，被告人吴某某趁被害人贾某某熟睡之际，采用抚摸胸部、私处等方式对被害人贾某某进行猥亵。后被告人吴某某在老师陪同下主动到公安机关接受调查，归案后对上述犯罪行为供认不讳。案发后，被告人吴某某取得被害人的谅解。

---

[*] 陈震，本科毕业于西南政法大学，厦门大学法律硕士，上海邦信阳中建中汇（厦门）律师事务所执行主任、高级合伙人，中国法学会会员，厦门市民商法学研究会理事。

[①] 本案辩护律师为陈震、陈茹靖，提供法律服务期间为二审审判阶段。

[②] 本案因涉及隐私犯罪和未成年人，地名、人名均做了隐藏式处理。

一审法院认定上述事实的证据有在校证明、在职证明、谅解书、到案经过、违法犯罪经历查询情况说明、情况说明等书证，现场勘查笔录、现场照片及辨认笔录，监控录像、出警视频，被害人贾某某的陈述，证人证言，被告人吴某某的供述和辩解等。

一审法院认为：被告人吴某某为追求性刺激，在公共场所当众强制猥亵他人，其行为构成强制猥亵罪。被告人自动投案，如实供述自己罪行，系自首。吴某某取得被害人的谅解，可以酌情从轻处罚。依照《中华人民共和国刑法》（以下简称《刑法》）第二百三十七条、第六十七条第一款之规定，判决被告人吴某某犯强制猥亵罪，判处有期徒刑两年一个月。

本案一审宣判后，吴某某提起上诉，一审辩护律师为被告人起草并递交了上诉状。上诉期间，被告人家属决定不继续委托一审辩护律师，而是委托辩护人作为吴某某的二审辩护人。

【办理过程】

一、接受委托

接受委托后，辩护人及时会见了上诉人，并调取了相应卷宗材料，对全案进行了综合分析和研判。

一方面，上诉人一直喊冤，认为他的行为不应构成犯罪，即使构成犯罪也不应判如此重的刑罚。

另一方面，一审法院认定的事实包含一个法定加重情节，即《刑法》第二百三十七条第二款："公共场所当众犯前款罪的……处五年以上有期徒刑"；包括一个司法解释上的从重情节，即最高人民法院、最高人民检察院、公安部、司法部《关于依法惩治性侵害未成年人犯罪的意见》（以下简称《性侵意见》）第二十五条规定："针对未成年人实施强奸、猥亵犯罪的，应当从重处罚，具有下列情形之一的，更要依法从严惩处：……（2）进入未成年人住所、学生集体宿舍实施强奸、猥亵犯罪的……"基于上述加重和从重情节，一审法院认为判决已经综合考虑了上诉人自首和被害人谅解等减轻和从轻情节。

基于一审法院认定的事实，一审的辩护律师认为二审改判极为渺茫，代拟上诉状提出的上诉请求也仅为要求改判缓刑，而没有对一审认定事实和判处的刑期提出任何异议。

二、分析证据和形势

刑事案件二审的辩护不易主要是因为一审已经对相关事实和罪名进行了认定和定性，同时辩护律师很少能够在二审阶段获得新的有力证据，特别是性犯罪，收集和获取新证据更是困难，只能就现有证据与检察机关继续交锋。而当时该案在上诉期间恰逢新型冠状病毒肺炎疫情肆虐，司法机关工作和律师的正常履职都受到极大限制，如法官会见律师、法院排庭、律师到看守所会见当事人等比起正常时期都有诸多困难。

就本案而言，一审辩护的不足不在于一审的辩护意见（适用缓刑）法院未采纳，而在于其辩护思路是认罪认罚，对检察机关认定的证据和事实均无异议。事实上，如果认同检察机关认定的事实和证据，适用缓刑几无可能，因为正如一审检察官的观点，按照《性侵意见》第二十五条的规定，一审认定上诉人的行为属于特别强调更应从严惩处的情形，如果判处适用缓刑，将难以体现从严惩处。一审辩护律师所拟上诉状又完全沿用一审庭审的观点和理由，认为上诉人符合适用缓刑条件，希望适用缓刑，如果继续按此思路操作，二审改判的可能性确实极小。

辩护人分析了本案的证据材料和当时审理的客观形势，认为本案二审破局的第一关，在于说服二审法院能够开庭审理此案。而按照《中华人民共和国刑事诉讼法》（以下简称《刑事诉讼法》）第二百三十四条之规定，"第二审人民法院对于下列案件，应当组成合议庭，开庭审理：（一）被告人、自诉人及其法定代理人对第一审认定的事实、证据提出异议，可能影响定罪量刑的上诉案件；（二）被告人被判处死刑的上诉案件；（三）人民检察院抗诉的案件；（四）其他应当开庭审理的案件。……"应当开庭的四种情况，一审律师上诉状的内容明显不符合其中任何一条。上诉状没有强有力的理由能够说服二审法官本案应该开庭审理，而本案上诉时间又正值 2020 年上半年新冠肺炎疫情严峻时期，不开庭审理几乎已成定局。按照司法实践常态，不开庭审理大概率会被驳回上诉，维持原判。

三、启动开庭审理程序

本案系性犯罪，涉及个人隐私，而且案发时间为凌晨，同宿舍的人均在熟睡中，知晓事件详细经过的只有被害人和上诉人两人。基于本案性质和案件实际情况，前期辩护人主要做了几个方面的工作：一是克服当时疫情期间会见的重重困难，多次会见上诉人要求上诉人对事件经过的每个细节都进行全面描述；二是深入研究卷宗材料，对卷宗材料中上诉人、被害人、证人关于案发过程的描述进行了详细比对，同时对现场勘验笔录记录的现场情况进行了反复研究；三是找到上诉人和被害人学校的负责老师、分管治安的校领导直接沟通案发前后的情况；四是与一审法官和检察官通过电话进行了有效沟通。

因为疫情影响，本案经过了一段时间才进入程序，辩护人也终于等到了法官的约见。为了这次宝贵甚至可能是决定是否开庭审理的唯一机会，辩护人做了充分的准备：一是准备了一份 31 页的"辩护意见书"，里面包括详细意见和最高人民法院的相关判例；二是制作了包括上诉人、被害人、证人等所有相关人员关于案发前后经过的一份详细的对照表，这份表格用 A3 纸打印，让整个事件经过各方的表述一目了然。两份材料一经提交，二审法官对本案更加重视起来，接下来的沟通也更为顺畅和深入。

辩护人在发表意见时，主要阐述了六方面的观点：

一是不受限于一审辩护律师所拟上诉状仅要求适用缓刑的上诉观点，提出一审判决认定的事实不清，证据不足，适用法律错误，恳请二审法院依据《刑事诉讼法》第二百三十三条之规定，就第一审判决的事实和适用法律进行全面审查。

二是提出现有证据不能证实上诉人系乘被害人熟睡之际对被害人实施了抚摸胸部和私处的行为。根据证据比对分析，综合被害人陈述和上诉人供述，上诉人在睡梦中有摸被害人身体，这也与被害人的感觉相符。同时，上诉人称他是因为摸到被害人胸部，才醒过来。而被害人说睡梦中感觉有人摸她就醒来了，因此，可能存在上诉人无意识地触碰到被害人时，被害人就醒过来的情况，进而不能排除上诉人清醒后隔着衣服抚摸被害人胸部和私处的时候，被害人亦是清醒的状态。按照上诉人在供述中描述，他系摸到被害人胸部后醒来，有意识后继续抚摸被害人胸部，被害人没有反抗或拒绝的动作，在摸到被害人的私处后，被害人才第一次把他的手推开，第二次抚摸仅抚摸了私处。抚摸私处是在抚摸胸部之后，因此可以推定被害人在被抚摸私处时一定是处于清醒状态的，否则不可能知道之前有抚摸胸部。同时，不能排除从上诉人最初开始抚摸胸部时，被害人亦已清醒，不存在熟睡状态下被摸胸部而不知的情形。

根据《刑事诉讼法》第五十五条第二款之规定，"证据确实、充分，应当符合以下条件：（一）定罪量刑的事实都有证据证明；（二）据以定案的证据均经法定程序查证属实；（三）综合全案证据，对所认定事实已排除合理怀疑。"一审判决认定上诉人系"趁被害人熟睡之际对被害人实施了抚摸胸部和私处的行为"的事实不清，证据不足，不能排除合理怀疑，不能认定上诉人有罪和处以刑罚。

三是本案上诉人对被害人抚摸行为的定性，应为正常青年男女的亲密行为，而非猥亵行为。一方面，引用相关证据说明上诉人和被害人有产生亲密接触的现实可能性；另一方面，则说明现有证据不足以证明抚摸行为完全违背被害人意志。上诉人当晚的行为是在凌晨时段，位于宿舍床上，男女搂抱在一起这一特定情形下的一种正常反应，系青春期男女之间的正常亲密接触行为，并非法律否定性评价的猥亵行为。被害人对这一行为的态度并非反抗，而是在亲密行为进行到一定程度时候的拒绝表示。本案系处于青春期男女之间的亲密接触，而非猥亵行为。亲密接触不应作为违法行为处罚，更不应作为刑法评价的犯罪行为进行处罚。

四是即使认为抚摸行为是法律上的猥亵行为，上诉人也不存在以暴力、胁迫或者其他方法强制猥亵被害人的情形，不符合强制猥亵罪的犯罪构成要件，不应以强制猥亵罪论处。

五是即使本案符合强制猥亵罪的犯罪构成，但也属犯罪情节显著轻微、危害不大的情形，应依法不认为是犯罪。本案中，上诉人系隔着衣服对被害人进行抚摸，持续时间较短，不存在暴力和胁迫行为，行为发生时处在凌晨女生宿舍，对社会风尚冒犯程度小，且已取得被害人的谅解。即使符合犯罪构成，也系《刑法》第十三条、《刑事诉讼法》第十六条规定之情形，"情节显著轻微、危害不大的，不认为是犯罪"，不应以强制猥亵罪论处。

六是本案一审判决适用法律错误。本案判决完全采纳了检察机关的起诉意见，错误适用了《刑法》第二百三十七条第二款"在公共场所当众"的加重情节，导致量刑过重。对于学生宿舍能否作为公共场所，目前法律无规定，司法解释亦无参照。一审判决之所以如此认定，直接原因是一审检察院和法院都认同了检例第 42 号：齐某强奸、猥亵儿童案①，案例中的要旨 3 直接表述"行为人在教室、集体宿舍等场所实施猥亵行为，只要当时有多人在场，即使在场人员未实际看到，也应当认定犯罪行为是在'公共场所当众'实施。"一审辩护律师实际上也认同该观点，所以在一审中都只提适用缓刑，而不敢对加重情节的适用提出异议。但辩护人认为，该指导案例的要旨内容值得商榷，至少是与本案案情不符的。最高人民检察院指导案例要旨不是司法解释，更不能直接用于指导审判工作。

基于上述理由，辩护人坚定地向二审法官表示将做无罪辩护，同时基于案件存在上述诸多问题，恳请法院开庭审理此案。二审法官认真听取了

---

① 检例第 42 页：齐某强奸、猥亵儿童案，网址：http：//www.pkulaw.com/pfnl/a6bdb3332ec0adc4f353 28a561ff97aaf45110ef115f8760bdfb.html？ keyword= 齐某强奸、猥亵儿童，最后访问时间：2021 年 3 月 20 日。

辩护人意见，在审阅了辩护人提交的辩护意见和其他材料后，当场决定开庭审理此案，将案件材料移送同级人民检察院。

事后了解到二审法官最初已经准备书面审理了，当时是准备先依程序听取二审辩护律师意见，第二天就去提审上诉人。正因为听取辩护人的意见才改变想法，决定开庭审理，第二天的提审也就相应取消。辩护人自己也感叹，本案能有后续的改变，可见此次见面真有力挽狂澜之功。

四、庭审前的内部沟通协调

本案对上诉人而言，最好的结果当然是争取无罪。辩护人也期望能通过努力，达到这种理想境界。但是刑事诉讼毕竟只能在与控方的对抗中通过现有证据尽力还原事实说服法官，而没办法凭空地实现一个结果，需要根据证据情况、审理进程和一些其他情况，综合调整诉讼策略。

对上诉人、上诉人家属和辩护律师而言，本案最大的痛点在于上诉人是年轻学生，大好年华不能虚耗，而二审程序可能久拖不决，毕竟疫情之下连法院排庭都极为困难，刑事诉讼正常的审限已经因此不可抗力因素而变得难以预估。为了让上诉人能早日获得自由，辩护人首先向二审检察院申请取保候审，但承办检察官表示本案适用缓刑可能性小，同时疫情之下诸多不便，不同意取保。

根据进入二审程序后与司法机关互动的情况，特别是新冠肺炎疫情这一不可控因素，辩护人与上诉人和上诉人家属就接下来的诉讼策略进行了深入沟通。争取无罪的结果当然是辩护人追求的最理想目标，但是从实际情况看存在几个问题：一是上诉人实施了抚摸行为的事实，是客观存在的，要让二审法院推翻一审判决有很大难度，在错案终身责任制下，二审法院作出无罪判决更为谨慎；二是无罪辩护可能导致程序旷日持久，如果二审法院发回重审，则上诉人的羁押时间将更长；三是疫情这一不可抗力因素，使得刑事诉讼程序受到极大影响，如果无法与司法机关达成某种默契，案件也可能久拖不决。基于上述原因，在与司法机关进行沟通互动的基础上，辩护人决定以争取"实质无罪判决"即一定程度的认罪认罚的形式与检察机关沟通，检察官给出刚好与羁押期限一致的量刑建议，法院依此判决后上诉人即可刑满释放，从而使上诉人不再受监禁之苦。以上思路亦得到了上诉人及其家属的一致赞同。

五、达成认罪认罚协议

调整思路后，辩护人即要求和承办本案的检察官当面沟通意见。交流时，首先将认为本案是无罪的观点全盘托出，同时结合证据对相关理由进行了阐释。

辩护人正式提出辩护方案，即认为本案一审认定的加重情节是错误的，希望能在去掉加重情节基础上与检方达成认罪认罚协议。主要理由如下：

综合上诉人供述、被害人陈述、证人证言和现场勘验笔录等本案证据，可以认定本案案发场所为大专院校的女生宿舍。该宿舍案发时仅供被害人和室友两名女生居住，具有高度私密性和封闭性，认定为公共场所明显不当。同时，上诉人是在被允许的情况下进入学生宿舍，进入时并不带有非法猥亵目的，亦不应适用加重或从重处罚条款。

关于何为性侵害案件中的"公共场所当众"，从法律规定看，目前法律对何为强制猥亵罪中的"公共场所"和"当众"没有明确规定。《性侵意见》第二十三条规定，"在校园、游泳馆、儿童游乐场等公共场所对未成年人实施强奸、猥亵犯罪，只要有其他多人在场，不论在场人员是否实际看到，均可以依照《刑法》第二百三十六条第三款、第二百三十七条的规定，认定为在公共场所'当众'强奸妇女，强制猥亵、侮辱妇女，猥亵儿童"。学术界一般认为，"'公共场所'是指车站、码头、公园、影剧院、学校、医院等人多且流动性较大的地方。所谓'当众'，不是指有可能多人在场，而是指在实施强奸之时客观上有多人在场"[①]。

---

① 陈兴良主编：《刑法各论精释》，人民法院出版社 2015 年版，第 158 页。

对于学生宿舍能否作为公共场所，目前法律无规定，司法解释亦无规定，仅有的参考是检例第 42 号：齐某强奸、猥亵儿童案，案例中的要旨 3 "行为人在教室、集体宿舍等场所实施猥亵行为，只要当时有多人在场，即使在场人员未实际看到，也应当认定犯罪行为是在'公共场所当众'实施。"但即使该指导案例提出将"集体宿舍"认定为公共场所，但在该案例中，本身也对集体宿舍认定为"公共场所当众"进行了诸多限制性描述。检察员发表的出庭意见称"公共场所系供社会上多数人从事工作、学习、文化、娱乐、体育、社交、参观、旅游和满足部分生活需求的一切公用建筑物、场所及其设施的总称，具备由多数人进出、使用的特征"。基于对未成年人保护的需要，《性侵意见》第二十三条明确将"校园"这种除师生外，其他人不能随便进出的场所认定为公共场所。司法实践中也已将教室这种相对封闭的场所认定为公共场所。本案中女生宿舍是 20 多人的集体宿舍，和教室一样属于校园的重要组成部分，具有相对涉众性、公开性，应当是公共场所。《性侵意见》第二十三条规定，在公共场所对未成年人实施猥亵犯罪，"只要有其他多人在场，不论在场人员是否实际看到"，均可认定为当众猥亵。本案中齐某在熄灯后进入女生集体宿舍，当时就寝人数较多，床铺之间没有遮挡，其猥亵行为易为同寝他人所感知，符合上述规定"当众"的要求。

上述指导案例中，最高人民检察院的出庭意见明确界定，"公共场所系供社会上多数人从事工作、学习、文化、娱乐、体育、社交、参观、旅游和满足部分生活需求的一切公用建筑物、场所及其设施的总称，具备由多数人进出、使用的特征。"本案现场为被害人与另一女生固定使用的宿舍，入住人数只有两人，非案例中所指的"20 多人的集体宿舍"，无论是从"不特定多数人"还是"特定多数人"，两个人都无法构成多数人，而且两人宿舍也显然不具有"相对涉众性、公开性"，因此两人间的学生宿舍无疑不应被认定为公共场所。

《性侵意见》对"当众"实施猥亵等性侵害犯罪虽不要求其他多人实际

看到，但明确要求必须有其他多人"在场"。所谓"在场"，从空间上讲，必然要求其他多人在行为人实施犯罪地点视力所及的范围之内。换言之，猥亵行为处于其他在场人员随时可能发现、可以发现的状况，这是基于"当众"概念的一般语义及其具有"当众"情节就升格法定刑的严厉性所决定的。而本案中，上诉人实施抚摸行为时为凌晨，当时留宿人员均已熟睡，同时是两人搂抱情况下的轻微举动，其他人无法察觉，不属于其他在场人员"随时可能发现、可以发现"的状况，行为人主观上也并无要公开实施抚摸行为，或者不怕抚摸行为被他人觉察的想法，因此上诉人的行为不能认定为属于加重情节中的"当众"实施。

综上，案发现场为仅有二人居住的学校宿舍，具有高度私密性和封闭性，不能认定为"公共场所"。案发时，其他人处于熟睡状态，上诉人和被害人在床上实施抚摸的轻微举动，不属于被其他人"随时可能发现、可以发现"的状况，且上诉人并没有要公开实施抚摸行为或者不怕被人发现而执意实施的主观故意，从主观和客观两方面都不具备"当众"实施的因素。

仔细听取辩护人意见后，承办检察官表示同意，只要上诉人书面认罪认罚，可以考虑取消对加重情节的认定，按照实际羁押时间确定量刑的建议。

【判决结果】

二审最终判决如下：

（1）维持一审法院刑事判决第一项对吴某某之定罪部分；

（2）撤销一审法院刑事判决第一项对吴某某之量刑部分；

（3）上诉人吴某某犯强制猥亵罪，判处有期徒刑 9 个月。

【律师心得】

因受各种因素影响，本案的办理一波三折，让上诉人从近乎绝望，到最终改判获释，虽然辩护人付出了大量艰辛工作，但也倍感欣慰。总结起来，主要有以下几点体会：

一是对法治理念的坚持。本案涉及未成年人的性犯罪，而未成年人的性犯罪是近期司法机关关注的重点。但是在任何情况下，公民的权利都应受到同等保护，何况本案上诉人本身也是青年学生。

二是不要机械适用相关司法文件或案例。本案改判的关键是最高人民检察院的相关指导案例的要旨，它对相关场景做了确定性的阐述，一审检察官、法官选择了机械适用，遗憾的是一审辩护律师也选择了认同。但是，当回归到法律法规和司法文件的效力层级，就会发现其中的不妥之处。最高人民检察院的指导案例不是司法解释，特别不是最高人民法院的司法解释，并不能直接用于指导审判工作。而回归案例本身，指导案例的具体场景与本案存在根本性差异，不能机械套用其要旨。

三是性犯罪辩护应尤其注重细节。性犯罪因为是隐私犯罪，往往知情方局限于当事人双方，外人很难知晓。而大量性犯罪属于被害人报警，作为犯罪嫌疑人或者被告人的当事人也承认发生了相应行为的情形。在此类案件中，控方往往把证明未使用暴力、胁迫或者其他手段的证明责任抛给了犯罪嫌疑人或者被告人一方，在此情况下，辩方要证明"无"难度是很大的。辩护人的观点是，真相总是隐藏于细节之中。如果是虚假的记录或者陈述，总会有各种纰漏和不合逻辑之处。只要从细节入手，分析比对，用推理或者归谬，总会找到突破口。

四是辩护工作应该根据司法进程，不断调整方法策略。辩护人在二审法院受理初期提出无罪辩护，成功引起法院重视并开庭审理。后期根据案件审理情况和疫情等不可抗力影响，在取得上诉人及其家属同意的前提下，改变辩护策略做罪轻辩护，与检察官达成认罪认罚协议。最终在疫情肆虐、各项司法工作已经严重受限受阻的情况下，成功促使二审法院按照认罪认罚协议确定的量刑建议改判刑期，上诉人最终在判决后不久获释。

【法律链接】

《中华人民共和国刑法》

第二百三十七条 以暴力、胁迫或者其他方法强制猥亵他人或者侮辱妇女的，处五年以下有期徒刑或者拘役。

聚众或者在公共场所当众犯前款罪的，或者有其他恶劣情节的，处五年以上有期徒刑。

猥亵儿童的，处五年以下有期徒刑；有下列情形之一的，处五年以上有期徒刑：

（一）猥亵儿童多人或者多次的；

（二）聚众猥亵儿童的，或者在公众场所当众猥亵儿童，情节恶劣的；

（三）造成儿童伤害或者其他严重后果的；

（四）猥亵手段恶劣或者有其他恶劣情节的。

《中华人民共和刑事诉讼法》

第十六条 有下列情形之一的，不追究刑事责任，已经追究的，应当撤销案件，或者不起诉，或者终止审理，或者宣告无罪：

（一）情节显著轻微、危害不大，不认为是犯罪的；

（二）犯罪已过追诉时效期限的；

（三）经特赦令免除刑罚的；

（四）依照刑法告诉才处理的犯罪，没有告诉或者撤回告诉的；

（五）犯罪嫌疑人、被告人死亡的；

（六）其他法律规定免予追究刑事责任的。

第五十五条 对一切案件的判处都要重证据，重调查研究，不轻信口供。只有被告人供述，没有其他证据的，不能认定被告人有罪和处以刑罚；没有被告人供述，证据确实、充分的，可以认定被告人有罪和处以刑罚。

证据确实、充分，应当符合以下条件：

（一）定罪量刑的事实都有证据证明；

（二）据以定案的证据均经法定程序查证属实；

（三）综合全案证据，对所认定事实已排除合理怀疑。

第二百三十三条 第二审人民法院应当就第一审判决认定的事实和适用法律进行全面审查，不受上诉或者抗诉范围的限制。

共同犯罪的案件只有部分被告人上诉的，应当对全案进行审查，一并处理。

第二百三十四条 第二审人民法院对于下列案件，应当组成合议庭，开庭审理：

（一）被告人、自诉人及其法定代理人对第一审认定的事实、证据提出异议，可能影响定罪量刑的上诉案件；

（二）被告人被判处死刑的上诉案件；

（三）人民检察院抗诉的案件；

（四）其他应当开庭审理的案件。

第二审人民法院决定不开庭审理的，应当讯问被告人，听取其他当事人、辩护人、诉讼代理人的意见。

第二审人民法院开庭审理上诉、抗诉案件，可以到案件发生地或者原审人民法院所在地进行。

第二百三十六条 第二审人民法院对不服第一审判决的上诉、抗诉案件，经过审理后，应当按照下列情形分别处理：

（一）原判决认定事实和适用法律正确、量刑适当的，应当裁定驳回上诉或者抗诉，维持原判；

（二）原判决认定事实没有错误，但适用法律有错误，或者量刑不当的，应当改判；

（三）原判决事实不清楚或者证据不足的，可以在查清事实后改判；也可以裁定撤销原判，发回原审人民法院重新审判。

原审人民法院对于依照前款第三项规定发回重新审判的案件作出判决

后，被告人提出上诉或者人民检察院提出抗诉的，第二审人民法院应当依法作出判决或者裁定，不得再发回原审人民法院重新审判。

《最高人民法院、最高人民检察院、公安部、司法部关于依法惩治性侵害未成年人犯罪的意见》（法发〔2013〕12号）

23.在校园、游泳馆、儿童游乐场等公共场所对未成年人实施强奸、猥亵犯罪，只要有其他多人在场，不论在场人员是否实际看到，均可以依照刑法第二百三十六条第三款、第二百三十七条的规定，认定为在公共场所"当众"强奸妇女，强制猥亵、侮辱妇女，猥亵儿童。

24.介绍、帮助他人奸淫幼女、猥亵儿童的，以强奸罪、猥亵儿童罪的共犯论处。

检例第42号：齐某强奸、猥亵儿童案（摘引）

【要旨】

1.性侵未成年人犯罪案件中，被害人陈述稳定自然，对于细节的描述符合正常记忆认知、表达能力，被告人辩解没有证据支持，结合生活经验对全案证据进行审查，能够形成完整证明体系的，可以认定案件事实。

2.奸淫幼女具有最高人民法院、最高人民检察院、公安部、司法部《关于依法惩治性侵害未成年人犯罪的意见》规定的从严处罚情节，社会危害性与刑法第二百三十六条第三款第二至四项规定的情形相当的，可以认定为该款第一项规定的"情节恶劣"。

3.行为人在教室、集体宿舍等场所实施猥亵行为，只要当时有多人在场，即使在场人员未实际看到，也应当认定犯罪行为是在"公共场所当众"实施。

2. 陈某挪用公款、贪污、国有公司人员滥用职权案[①]

洪　流[*]

辩护切入点

探究数字细节，对司法会计鉴定意见提出质疑。

【案情简介】

公诉机关指控陈某犯有挪用公款罪、贪污罪、国有公司人员滥用职权罪。

1.关于挪用公款罪

2010年12月，被告人陈某时任某贸易公司总经理，与某冶有限公司（以下简称某冶公司）贸易部部长李某某（另案处理）、林某某（另案处理）共谋，决定三方通过无实物贸易进行融资，由某冶公司以银行承兑汇票、信用证等形式支付货款给某贸易公司，某贸易公司持银行承兑汇票、信用证向银行贴现后交给林某某，林某某在银行承兑汇票和信用证到期前再将资金还给某冶

---

* 洪流，北京大学法学硕士。上海邦信阳中建中汇律师事务所创始合伙人，上海市律师协会刑事业务研究会会员，华东政法大学法制新闻研究中心高级研究员，万通教育集团万通心理学院特聘教授。

① 本案辩护律师为洪流、苏琬，提供法律服务期间为审查起诉至一审判决阶段。

公司。至 2014 年 9 月，某冶公司付给某贸易公司人民币 55.2 亿余元（以下币种均为人民币），某贸易公司贴现后由陈某指使他人将上述钱款转给林某某控制的公司，后上述款项被用于经营或归还债务等。

2013 年 9 月至 2014 年 4 月，在某冶公司银行承兑汇票和信用证到期前，林某某无法按约定归还部分资金，经被告人陈某与林某某、李某某约定，由某贸易公司代林某某归还给某冶公司。陈某指使他人以购货的名义，将某贸易公司的钱款代林某某付款给某冶公司，累计付款 8 亿余元。

2011 年 1 月至 2015 年 12 月，被告人陈某指使他人以某贸易公司向林某某控制的公司购货等名义，将某贸易公司的 37.9 亿余元借给林某某控制的公司使用。至案发，林某某尚有 5.9 亿余元未归还给某贸易公司。

2. 关于贪污罪

2002 年至 2010 年，被告人陈某在担任某贸易公司总经理期间，擅自决定以预付款的形式将公司公款共计 6800 余万元转至晋某金属材料有限公司（以下简称晋某公司）为某贸易公司进行期货交易，其间陈某将盈利款 800 余万元转至陈某的个人账户用以购房等。

3. 关于国有公司人员滥用职权罪

2014 年 8 月，被告人陈某在担任某贸易公司总经理期间，明知该公司与明某公司之间系假贸易真融资，仍违反国家法律法规及公司规定，擅自决定将国有公司 7.7 亿元资金借给明某公司，造成该国有资产至案发仍无法收回。

2016 年 3 月 8 日，被告人陈某在"两规"期间主动交代了犯罪事实。

公诉机关据此认为，被告人陈某的行为构成挪用公款罪、贪污罪、国有公司人员滥用职权罪。陈某系自首，提请法院追究被告人陈某的刑事责任。

【办理过程】

一、辩护人与当事人沟通概况

（一）陈某意见

被告人陈某在侦查阶段曾聘请其他律师提供服务，但之前的律师对于案情事实涉及不深。辩护人介入后，多次会见陈某与其沟通，陈某陈述称当初专案组对其进行审查时，曾承诺只起诉两个罪名，即挪用公款罪和国有公司人员滥用职权罪。在侦查期间，陈某积极配合专案组，将所有事实向专案组陈述，包括某贸易公司小集体决定动用小金库资金6800余万元在晋某公司炒期货以及自己亦在晋某公司炒期货并收取个人盈利800余万元的事实。

案件到审查起诉阶段时，公诉机关在原有事实未变动的情况下，将罪名增加到3个，即增加了贪污罪名。究其原因是公诉机关将某贸易公司和陈某同在晋某公司炒期货的事实混淆在一起，并与陈某从晋某公司提取800余万元的事实相结合，认定陈某系借用了某贸易公司的资金炒期货，该800余万元系陈某炒期货得到的盈利，故构成贪污罪。

陈某坚称该800余万系自己个人炒期货所得，从未借用某贸易公司资金。

关于国有公司人员滥用职权罪，出借7.7亿元资金的行为系对某贸易公司前任总经理向明某公司投资行为的延续。在此之前，某贸易公司已经投入了9亿元资金。陈某接任后，金属市场行情下跌，为了不让之前的9亿元投资打水漂，陈某说服了其他人，继续向明某公司出借了7.7亿元资金。到案发时，明某公司虽无力还债，但其依然处于存续状态。

（二）辩护人意见

在征求陈某意见的基础上，辩护人决定就挪用公款罪进行罪轻辩护；就贪污罪进行无罪辩护；至于国有公司人员滥用职权罪，虽然陈某认罪，但经辩护人查阅案卷材料，发现该罪的事实和证据也存在问题，故决定就该罪也展开无罪辩护。

二、辩护人在阅卷过程中发现的问题

（一）案卷数量不多

辩护人发现，作为一个挪用资金总额达近百亿元并涉及 3 个罪名的特大型案件，整个案卷只有 26 本，这样的案卷数量与本案罪名和犯罪数额极不相称。

（二）被告人供述被选择性使用

被告人陈某声称，其在被限制人身自由后，先后做过 30 余次笔录，但经辩护人查看案卷，发现陈某的笔录只有 8 次，且大部分笔录的内容都存在高度相似性，有的相似性甚至达到 80%～90%，连错别字和标点符号都完全一致，这明显是审讯人员用同一份笔录复制粘贴导致。

（三）证人证言被选择性使用且证人数量不多

1. 贪污罪

在贪污罪方面，存在关键证人证明事实不到位，证明内容不清晰的问题。

如关键证人李某某作为晋某公司的实际控制人，对于某贸易公司和陈某在其公司炒期货的细目和过程非常清楚，对于陈某行为是否可以认定为贪污罪具有重要的证明作用。但如此重要的一个证人，在案卷中却只有一份说辞极为含糊的书面证言，令辩护人生疑。此外，李某某还曾因涉及本案被采取过刑事强制措施。通过与陈某沟通，陈某称李某某因为涉案被司法机关以赃款名义没收了上亿元。这进一步强化了辩护人的判断，即该份证词系证人李某某在控方强大压力下作出的，证言内容存在片面和歪曲之处。

2. 国有公司人员滥用职权罪

在国有公司人员滥用职权罪方面，存在证人证明不到位以及书证缺乏的情况。

经辩护人向被告人陈某以及某贸易公司人员蒋某了解，作为一家大型国企，某贸易公司的很多经营事宜均需上会讨论，而且会议记录很多，上亿元的借款肯定经过相关的会议讨论研究。此外，国企的资金流出有严格的程序性规定，大笔资金的汇出必须经过各分管领导的签字确认。退一步来说，就算陈某可以独立作出决定，其相关资金仍需经过财务主管等部门的审核与签发。仅从这一点来看，陈某要想"擅自决定"向明某公司出借资金也是不可能的。

公诉机关在指控陈某构成本罪名时，并未提供来自某贸易公司管理层（如公司党委书记、副书记，办公室主任等）任何一位应参加公司日常办公会议的证人的直接证词以印证陈某未征得班子同意而擅自出借资金。

公诉机关未向法庭提供该 7.7 亿元资金划转的相应凭证。

公诉机关提供的几位证人的书面证词亦存在自相矛盾之处。

（四）司法鉴定意见存在重大瑕疵，不足以支撑起诉书指控的罪名

这些瑕疵主要体现在以下几个方面：一是该鉴定意见采集的时间段与起诉书指控的行为时间段不吻合，且该时间段内鉴定意见所记载的某贸易公司款项的变动情况也不符合客观事实；二是某贸易公司与晋某公司存在正常金属贸易，并非只有期货贸易，该鉴定意见在审核资金流水方面未区分某贸易公司与晋某公司之间的正常金属贸易与期货贸易；三是从该鉴定意见无法看出陈某到底"借用"了多少公款炒个人期货，无法划定某贸易公司炒期货和陈某个人炒期货的界限。

（五）多项证据证实明某公司依然处于经营状态

根据公诉机关提供的证人郭某某书面证词以及网上查询信息，明某公司依然处于经营状态，且该公司名下的资产约为 35 亿元。由此来认定陈某主导的借款行为已经给某贸易公司造成损失似乎站不住脚，所谓"无法收回"的 7.7 亿元国有资金更符合民事债权的概念，而不符合国有公司人员滥用职权罪里的损失形态。

三、与法官的审前沟通

在初步了解案情的基础上，辩护人多次以口头或书面方式与承办法官进行了沟通。

（一）退赔事宜

在开庭之前，就本案挪用公款罪的退赔情况，辩护人多次与林某某的辩护人沟通，林某某的辩护人确认可以用林某某公司名下的房产折现退赔，该退赔对于陈某的量刑亦有积极作用。辩护人就此情况在审前和法官沟通确认。

（二）请求相关证人出庭

向法官提出要求证人李某某等到庭，以厘清起诉书指控的相关事实。

（三）请求会计鉴定人员到庭

向法官提出请求会计鉴定人员到庭接受各方询问。

（四）辩护人向法庭提交的证据

为了进一步证明陈某不构成贪污罪和国有工作人员滥用职权罪，辩护人向法庭提交了相关证据。

1.贪污罪

入账记录、情况说明、某某银行账单、补发入账证明申请书等。

以证明2000年12月7日，某公司向陈某开具款项额为20万元的支票。根据陈某陈述，该支票按照李某某指示由某信托投资有限公司某证券交易营业部领取。以此证明陈某在当初为自己炒期货时，曾向晋某公司支付过足额保证金。

2.国有公司人员滥用职权罪

关于某贸易公司日常会议记录的说明。

证明某贸易公司作为国企，很多事宜均需上会讨论，而且会议记录很多。此外，国企的资金流出有严格的程序性规定，上亿元资金的汇出必须经过各分管领导的签字确认。即使陈某独立决定，其相关资金还需经过财务主管等部门的审核和签发，仅从这一点来看，陈某要想"擅自决定"向明某公司出借资金也是不可能的。

四、庭审控辩

在庭审前，辩护人再次与陈某确认就挪用公款罪进行罪轻辩护；就贪污罪进行无罪辩护；就国有公司人员滥用职权罪，由陈某向法庭陈述相关事实而不作认罪或否罪表示，由辩护人进行无罪辩护。

庭审中，公诉人按照罪名先后顺序向法庭举证，辩护人结合相关证据发表了辩护意见。

（一）挪用公款罪

针对该罪名，陈某和辩护人并未过多展开辩护，对于公诉人向法庭提供的证据均予确认，同时提请法庭注意另案的林某某辩护人已经向法庭提交了某贸易公司出具的被害人谅解书，陈某的挪用行为并未给国家造成实际损失。

（二）贪污罪

该罪名是辩护人与公诉人交锋的主战场，辩护人在证据、事实和罪名等方面都与公诉人展开了激烈的辩论。

（1）陈某辩称：其从晋某公司获得的800余万元款项系个人炒期货所得。某贸易公司在同一时期也在晋某公司炒期货，某贸易公司公款炒期货的盈利已经由李某某以压低现货单价的方式回到了某贸易公司。

辩护人认为：公诉机关指控陈某贪污的事实不清，证据不足。

（2）就公诉机关提供的主要证人李某某等人的证言，辩护人提出了强烈异议，指出该证人曾被采取刑事强制措施，并被没收巨款，其在侦查机关所作证言存在片面和歪曲之处。同时，辩护人结合之前向法庭提请的证人出庭申请，请求法庭传唤证人李某某等人到庭接受各方质询。

就公诉机关提供的其他证人证言，辩护人指出证人张某、林某某等人亦是某贸易公司高管，这些证人可以间接证实某贸易公司炒期货系公司集体决定，并非陈某一人决定。既然炒期货是集体行为，陈某要想从中渔利就不具备操作条件，从而否定起诉书所称"陈某擅自决定将6800万元转至晋某公司

进行期货交易"。辩护人也曾在庭前申请法庭传唤证人张某等到庭接受各方质询。

（3）就公诉机关提供的陈某在侦查阶段的有罪供述，辩护人认为是片面的且带有诱供性质的。

第一，公诉机关未将陈某被羁押后制作的所有笔录展现给法庭及辩护人，辩护人只能查阅部分笔录。

庭审时，公诉机关和陈某说明了陈某的到案经过：早在 2016 年 3 月 8 日陈某就被"双规"，但是辩护人阅卷时发现，辩护人阅看的卷宗里，第一份笔录形成的时间是 2016 年 7 月 21 日，最后一份笔录形成的时间是 2016 年 10 月 27 日，一共只有 8 份笔录，而陈某声称其被关押期间一共做了 30 余份笔录。庭上，公诉人还宣读了陈某于 4 月某日和 6 月某日所做笔录，而这两份笔录辩护人之前也从未见到。

第二，陈某几份笔录相似度极高，客观性不足。

一个挪用资金高达近百亿元的大案，被告人的供述仅有 8 份，这个数量已经很少了，而在这些少得不能更少的供述里，前后的笔录还存在惊人的相似性。根据辩护人进行的笔录内容对比分析，陈某的几份笔录内容相似性达到了 90%，甚至 95% 以上。辩护人在庭上提出了这个疑问，公诉人却轻描淡写地说当事人说的意思一样，所以复制粘贴也并无不妥。但是辩护人认为，制作笔录应该严格遵循客观原则，把陈述人当时的说法完全客观地记录下来，如果都是复制粘贴，就不存在多次讯问的必要了。笔录的客观性存在瑕疵，其证明效力必然存疑。

第三，陈某笔录变化的主要原因在于其感受到被欺骗。

陈某本人是个非常骄傲且自尊心很强的人，对于挪用公款这节事实他是承认的——虽然其本意也是想让公司从中渔利，但是毕竟挪用行为是犯法的，而且直到案发之时挪用的钱款都还不上，他是愿意为自己的行为承担相应的刑事责任的。所以陈某到案后，一直在做有罪供述，前期的办案人员也把握了陈某的担责心理，一直在诱导陈某作出对其不利的供述。

而随着案件的发展，侦查和审查起诉机关突然给陈某增加了一个贪污罪，这对陈某来说无异于是个精神上的打击，因为以他赚钱的能力、直率豪爽的性格以及数十年在某贸易公司兢兢业业的工作经历来说，是不会去贪污某贸易公司的钱的。陈某感觉自己被公诉机关欺骗了，所以陈某决定推翻之前有罪供述。

（4）针对公诉机关提供的会计鉴定意见，辩护人认为存在重大瑕疵，不足以支撑起诉书指控的罪名。

第一，该鉴定意见采集的时间段与起诉书指控的行为时间段不吻合，且该时间段内某贸易公司款项的变动情况不符合客观规律。

起诉书指控的贪污犯罪时间段是 2002 年到 2010 年，该会计鉴定意见采集的时间段是 2001 年 12 月到 2009 年 5 月，两者存在明显的出入。

此外，鉴定意见显示了某贸易公司 6800 余万元流入晋某公司的时间段是 2001 年 12 月至 2009 年 5 月，但该些款项退回某贸易公司的时间段是 2003 年 10 月至 2009 年 5 月，两个时间段开始的时间相差了 22 个月。证人李某某书面证言和陈某的当庭陈述均表明某贸易公司与晋某公司存在正常的现货交易，平时的资金往来很频繁，但是这份鉴定意见书中却显示在 2001 年 12 月至 2003 年 10 月这 22 个月中，晋某公司与某贸易公司之间没有钱款往来，这与被告人供述和证人陈述完全不符。

这个问题公诉人并未在庭上作出任何合理的回应，法院也未同意辩护人提出的要求会计鉴定人员出庭说明鉴定意见的申请。

第二，该鉴定意见未区别某贸易公司与晋某公司之间的正常金属贸易与期货贸易。

根据陈某的供述以及其他涉案证人的证言，某贸易公司与晋某公司之间长期有着现货交易和委托期货交易并存的情况，往来款项非常频繁，大多数都是以预付款的形式划拨，仅从公司账面难以区分金属现货交易的预付款和作为公司炒期货保证金的预付款，要对比炒期货的账单才能一笔笔核查清楚。鉴定意见根据某贸易公司的账册梳理出了 6800 余万元的资金流，但并未区别哪些钱是金属现货的款项，哪些钱是用来做期货保证金的款项。公诉机关据此将6800余万元都视作期货交易的保证金，可以说连最基本的事实都没有查清。

第三，该鉴定意见没有区分某贸易公司炒期货和陈某个人炒期货的情况，鉴定意见的表述与起诉书也不相吻合。

庭审中，陈某陈述且公诉机关也认可陈某和某贸易公司都同时在晋某公司处炒期货，但是该鉴定意见却没有区分6800余万元中多少钱是用于公司炒期货，也没有确认陈某到底动用了多少某贸易公司的公款用于个人炒期货。如果陈某只是动用了20万元作为炒期货的保证金，那么本案认定800万元获利都是贪污合适吗？如果炒亏了呢？该认定多少？

第四，鉴定意见没有对某贸易公司炒期货的利润进行核定。

起诉书提到了某贸易公司付了6800万余元到晋某公司账户用来炒期货，但该6800万元到底盈利多少，起诉书没有提及，鉴定意见对此没有核定。甚至公诉人自己在庭上都脱口而出，"因为账册复杂，所以难以分清陈某个人炒期货和某贸易公司单位炒期货的盈利情况"。既然无法分清，那凭什么认定陈某行为系贪污犯罪且认定800余万元这个数字？

第五，鉴定意见结论部分用词含混不清，无法排除辩护人提及的合理怀疑。

公诉人一直在法庭上强调，鉴定意见无须对"款项的用途"进行分辨和说明，但是公诉机关在起诉书和庭审过程当中亦没有列举相应证据，也没有向法院说明鉴定意见中6800余万元这样一个具体的数字是如何得出，为什么在这样一个时间段内得出以及当中到底多少钱用于炒作期货，一共炒过多少笔以及每一笔盈利是多少。这样一个关乎案件定罪量刑的重要鉴定意见仅仅是简单地将财务账册中相关金额相加罗列，连基本问题都未能厘清，完全没有起到鉴定意见应有的作用，结论含混不清，辩护人认为不应作为定罪量刑的依据。

综上所述，该份鉴定意见只是梳理了某贸易公司6800余万元资金的流入流出，并确认了陈某收取 800 余万元的事实。但在"某贸易公司向晋某公司累计打款 6800 余万元"与"陈某收取晋某公司打款 800 余万元"这两个事实之间，最关键的事实并无证据证明。即陈某有没有动用某贸易公司的钱为自己谋利，陈某自己炒期货和单位炒期货两者如何区分，800 余万元到底是借用公司款项炒期货的盈利还是自己炒期货的盈利，无证据证明。

（5）辩护人向法庭提供了陈某自己炒期货的保证金凭证。

根据陈某回忆，其早在 2000 年年底就曾向晋某公司支付过一笔 20 万元的款项（支票支付），作为其个人在晋某公司进行外盘期货炒作的保证金（辩护人提交证据）。这份证据可以印证早在 2000 年年底，陈某就开始为自己炒期货。而根据起诉书指控，某贸易公司炒期货是从 2002 年开始的。很显然陈某个人炒期货早于某贸易公司炒期货的时间，在某贸易公司没有炒期货前，陈某已经可以正常炒期货了，不需要动用某贸易公司的资金作为保证金。

按照期货交易惯例，保证金只需要达到交易标的的 5% 左右就可以了，也就是说，陈某用 20 万元保证金可以炒 400 万元的期货。陈某炒的期货都是短线，并且一开始就盈利了，没有超过保证金的交易额度范围。在此情况下，陈某更没有必要动用某贸易公司的资金作为保证金。

退一步来说，就算陈某挪用某贸易公司的钱作为其个人炒期货的保证金，那这样的行为也只是构成挪用公款罪，而非贪污罪。

庭审过程中，公诉人认为辩护人提交的支票凭证无法证明该笔钱是付至晋某公司或李某某的。辩护人认为，陈某供述其支付了 20 万元给李某某作为炒期货的保证金，至于为何李某某要求他将此款解款到某信托投资有限公司某证券交易营业部，只要李某某到庭即可说明清楚，辩护人提供的 20 万元支票凭证也完全可以查清来龙去脉。刑事案件的调查取证责任主要在公诉机关，辩护人只需要提交可能影响案件定罪量刑的基本证据，提出控方证据链的缺失之处，指出控方逻辑上无法排除的合理怀疑，接下来的证明责任就应由公诉机关完成。然而，在庭审中，公诉人在法庭上一直要求辩护人自己调查取证，甚至以该保证金凭证并非原件作为答辩理由，须知该保证金凭证

（支票）也是出自公诉机关提供的证据，并非辩护人于案外取得。

（6）还原本案事实部分。辩护人根据以上事实和证据，向法庭还原如下基本事实：

某贸易公司与晋某公司之间有长期的金属现货交易，且晋某公司有资格炒金属期货外盘（伦敦）。2000 年开始，陈某开始在晋某公司挂名为其个人炒期货，并且打入了 20 万元作为保证金。2002 年，某贸易公司经过集体讨论，决定在晋某公司炒期货，由经验丰富的陈某操盘。也就是说，这段时间里，某贸易公司和陈某个人都在晋某公司盘上挂名炒外盘期货。在此期间，某贸易公司与晋某公司之间的往来账中，包含了现货金属的货款和炒期货的保证金以及盈利。某贸易公司炒期货的盈利，被李某某以压低金属现货单价的方式返还到了某贸易公司，这也是为什么会计鉴定意见无法核查某贸易公司炒期货盈利数字的根本原因。后陈某亦将自己个人炒期货的盈利 800 余万元从晋某公司账上转到了自己的账户。

根据以上事实，辩护人认为公诉机关指控陈某行为构成贪污罪，明显事实不清，证据不足。

（三）国有公司人员滥用职权罪

针对该指控罪名，辩护人进行了无罪辩护，理由如下。

（1）某贸易公司向明某公司出借款项是一个长期的商业投资行为，起因与陈某无关，决策也并非陈某一人作出。

首先，某贸易公司向明某公司注资的行为在陈某担任某贸易公司总经理之前已经存在，他只是接管前任的摊子。

其次，陈某之所以同意继续将资金借给明某公司使用，是因为在陈某担任某贸易公司总经理之前，某贸易公司已经借给明某公司 9 亿元资金（该部分资金并未设定抵押），如果不追加借款，明某公司资金链断裂导致公司破产，某贸易公司前期出借的 9 亿元款项必然追不回来。而继续追加借款，可以让明某公司继续维系生产经营，待金属市场行情上涨后才有机会将之前的9亿元投资收回。正是基于"用资金救资金",陈某才决定向明某公司追加借款。

（2）追加注资并非陈某一人决定。

根据辩护人向陈某了解，某贸易公司向明某公司追加7.7亿元借款并非被告人陈某一人决定，系某贸易公司领导班子开会讨论决定，陈某也向法庭提供了相关参会人员的姓名。即便是控方提供的证人里，证人姚某某、黄某也证实7.7亿元资金的前期资金在划拨出去时是经过班子会议讨论的，所以认定陈某个人"擅自决定"显得牵强。

（3）陈某为出借款项设置了安全阀。

根据证人姚某某证实，陈某借出上述款项时已预感到风险，为了避免风险，陈某特意要求明某公司用资产作抵押才能继续融资。虽然陈某由于害怕借款对本公司所属集团公司的上市造成负面影响，而未对该抵押资产进行精确评估，致使明某公司提供抵押的资产估值过高而无法偿付某贸易公司借出款项，但是若明某公司能够归还某贸易公司借款，也是应就抵押部分先行归还，而难以归还的部分实为陈某在就职总经理之前其前任决定借给明某公司的9亿元。

（4）陈某的行为动机是维护某贸易公司的长远利益。

从以上分析可以看出，陈某出借7.7亿元行为的出发点是为某贸易公司的长远利益。作为一个总经理，他已经尽到了法律和公司管理制度方面需要他尽到的谨慎义务。至于明某公司的亏损，是由市场风险造成的，其后果不能由陈某承担。

（5）某贸易公司借资明某公司，从民事法律关系角度看对明某公司仍持有债权，该权利仍处于存续状态，并未灭失。

截至开庭，某贸易公司借资的明某公司仍在正常运转，未进入破产程序，某贸易公司的借款并未确定已经无法归还。根据明某公司财务总监的证言，明某公司市值在案发后仍然有35亿元左右。起诉书指控本罪时所用措辞为"案发时无法收回"，也即未否认日后存在收回可能性。在此状态下，以国

有公司人员滥用职权罪追究陈某刑事责任是否为时过早？倘若他日某贸易公司的投资可以完全收回，本罪名是否又成了一个冤案？

（四）在法庭辩论阶段，公诉人发表了如下量刑建议

第一，如果陈某认罪，公诉人建议适用自首，对挪用公款罪建议量刑有期徒刑 10 年，对贪污罪建议量刑有期徒刑 10 年，对国有公司工作人员滥用职权罪建议量刑有期徒刑 4 年，数罪并罚建议量刑为有期徒刑 13 ~ 15 年。

第二，如果陈某不认罪，公诉人建议不适用自首，挪用公款罪建议量刑有期徒刑 15 年，贪污罪建议量刑有期徒刑 11 年，国有公司工作人员滥用职权罪建议量刑有期徒刑 6 年，数罪并罚建议量刑为有期徒刑 20 年。

针对公诉人的量刑建议，辩护人当即予以回应，认为这样的量刑建议没有道理：且不论陈某对贪污罪和国有公司人员滥用职权罪是否认罪，仅就挪用公款罪而言，陈某从未有不认罪的表示，为何就该罪名不能给出自首之认定？同时辩护人请求法庭驳回公诉机关对贪污罪和国有公司人员滥用职权罪的指控，仅就挪用公款罪进行认定和量刑。

【判决结果】

一、关于挪用公款罪

2010 年 12 月始，被告人陈某在担任某贸易公司总经理期间，与某冶公司贸易部部长李某某、林某某共谋，决定三方通过无实物贸易进行融资，由某冶公司以银行承兑汇票、信用证向银行贴现后交给林某某，林某某在银行承兑汇票和信用证到期前再将资金还给某冶公司。至 2014 年 9 月，某冶公司以银行承兑汇票、信用证、现款的方式付给某贸易公司共计 55 亿余元，某贸易公司贴现后由陈某指使他人将上述钱款转给林某某控制的公司，用于经营或归还债务等。

2013 年 9 月至 2014 年 4 月，在某冶公司银行承兑汇票、信用证到期前，林某某无法按约定归还部分资金，经被告人陈某与林某某、李某某约定，由

某贸易公司代林某某归还给某冶公司。陈某指使他人以购货的名义，将某贸易公司的钱款代林某某付款给某冶公司，累计付款 8 亿余元。

2011 年 1 月至 2015 年 12 月，被告人陈某指使他人以某贸易公司向林某某控制的公司购货的名义，将 37.9 亿余元钱款借给林某某控制的公司使用。至案发，林某某尚有 5.9 亿元未归还给某贸易公司。本院审理过程中，林某某与某贸易公司达成协议，林某某以其控制的所有个人及公司资产弥补某贸易公司的损失。

另查明，2002 年至 2010 年，被告人陈某在担任某贸易公司总经理期间，擅自决定以预付款的形式将公司公款共计 6800 余万元转至晋某公司进行期货交易，其间陈某将盈利款 800 余万元转至其个人账户用以购房等。

二、关于被告人陈某是否构成贪污罪

经查，证人林某某、蔡某某的证言，相关交易明细及盈亏明细表，司法鉴定意见书等证据证实，被告人陈某自 2002 年 1 月 5 日起在林某某处进行期货交易，其辩护人提交的支票于 2000 年 12 月 11 日被某信托投资有限公司某证券交易营业部支取，不能证实该支票由林某某或晋某公司支取，作为陈某期货交易的保证金。被告人陈某作为国家工作人员，利用职务上的便利，擅自决定以预付款的形式将公司公款转至其他公司进行期货交易，并提取盈利款用以购房等，其行为应以挪用公款罪论处。公诉机关指控的犯罪事实清楚。陈某就有关事实亦曾供述在案，其否认犯罪缺乏事实依据，被告人陈某及其辩护人关于陈某以个人钱款支付晋某公司作为期货交易保证金的意见缺乏事实依据，亦不能成立。

三、关于司法鉴定意见能否采纳

经查，证人证言、相关交易明细及盈亏明细表等证据证实，被告人陈某使用某贸易公司钱款，通过晋某公司进行期货交易。会计鉴定人员根据相关书证，计算出不同期间被告人陈某使用某贸易公司的款项金额，被告人陈某提取的盈利款金额，被告人陈某亦曾予以认可。故司法鉴定意见客观、有

效，可作为证据采纳。被告人陈某的辩护人对司法鉴定意见提出的相关异议，不能成立。

四、关于被告人陈某是否构成国有公司人员滥用职权罪

经查，证人林某某、黄某、郭某某等人的证言，某贸易公司的情况说明、财务凭证、财务规定等证据证实，被告人陈某在明知明某公司存在巨大亏损的情况下，在班子成员不同意向明某公司继续投资，且没有经过某贸易公司领导班子讨论的情况下，仍擅自决定将7亿多元资金借给明某公司使用，致使国家利益遭受重大损失，被告人陈某亦曾供述在案，陈某的行为应以国有公司人员滥用职权罪论处。被告人陈某辩护人的相关辩护意见，缺乏事实依据，不能成立。

综上，法院认为，被告人陈某身为国家工作人员，利用职务上的便利，挪用公款归个人进行营利活动，情节严重，其行为构成挪用公款罪；被告人陈某滥用职权致使国有资产遭受特别重大损失，其行为又构成国有公司人员滥用职权罪，对被告人陈某应予数罪并罚。公诉机关指控的犯罪事实清楚。被告人陈某主动投案，如实供述主要犯罪事实，系自首，依法均予以从轻处罚。鉴于被告人陈某在家属帮助下退出部分违法所得，同案犯林某某以全部资产弥补某贸易公司的损失，对被告人陈某酌情从轻处罚。为保护公私财产所有权不受侵犯，依照《刑法》之相关规定，判决被告人陈某犯挪用公款罪，判处有期徒刑7年；犯国有公司人员滥用职权罪，判处有期徒刑4年；决定执行有期徒刑10年；违法所得予以追缴，不足部分责令退赔。

本案判决后，陈某未上诉，公诉机关也未抗诉。

【律师心得】

一、关于律师与客户间的沟通

由于所有辩护的后果均由被告人承担，所以，辩护人与被告人间的沟通非常重要。辩护人首先要取得被告人的信任，被告人才可能将所有案情毫无

保留地告知辩护人，由专业的辩护人为其提供服务。

其次，在获得被告人的信任后，辩护人还应该全身心地为被告人提供辩护服务，要设身处地地为被告人着想。在本案代理过程中，被告人陈某虽然在沟通过程中有一定程度的犹豫，但总的来说，其要求对贪污罪进行无罪辩护的态度是非常坚决的。这种坚决来源于其对基本事实的认知，即自己从未借用公司的款项用于个人炒卖期货。

在无罪辩护案件里，被告人的坚持是辩护人辩护成功的基础，一旦被告人因为各种原因放弃了坚持，辩护人辩护得再好，也会事倍功半，毕竟所有的法律后果都是由被告人承担的。

二、关于辩护人与法官之间的沟通

本案中，辩护人前后向法官提交了若干申请，包括证人出庭申请、会计鉴定人员出庭申请，并提交了若干证据，以此来证明公诉机关指控陈某犯有贪污罪和国有公司人员滥用职权罪的事实不清、证据不足。对于这些证据和申请，虽然法官最终并未采纳，但实质上影响了法官对事实的认定以及量刑。

除书面的沟通外，辩护人也从逻辑和常理等方面与法官进行了沟通。如陈某在侦查初期一直都很配合司法机关进行调查，甚至于多次表示不需要律师，为何到了法庭上对于贪污罪有如此大的抗性？陈某作为一家大型国有公司的一把手，对于财务流程非常熟悉和专业，假如他真的有借用公司公款为个人炒卖期货的动机，为何在最终收取利益时那么明目张胆，直接要求李某某从晋某公司账上划走800余万元到本人账上？这显然不符合一般经济犯罪用各种手段隐蔽犯罪行为的特征。

为了最大限度为被告人争取利益，辩护人在法庭上虽然是直接从证据入手争辩无罪，但在前期与法官的沟通过程中，也多次亮明了最后的辩护态度：就算是陈某借用了某贸易公司的公款作为保证金炒卖期货，其由此得来的盈利也应该认定为挪用公款罪而不是贪污罪。为此，辩护人查阅了大量的

案例，发现类似的行为在各地司法实践中存在不同的判决方式，有认定为挪用公款的，有认定为贪污的，这也更加坚定了辩护人就贪污罪进行无罪辩护的信心。

三、关于证据

在很多经济犯罪案件中，书证、物证等证据都是"死"证据，只要其来源合法、形式客观，被采纳作为定案依据都没有问题，而要反映被告人动机和目的，往往还需要其他类型的证据，如证人证言。在有些案件里，有的证人证言就成了重中之重，往往一两句话就决定了被告人的诉讼前景。

在本案关于是否认定陈某构成贪污罪的过程中，证人李某某的证言尤为重要，因为其了解陈某个人及某贸易公司在晋某公司炒期货的整个过程和详细情况。虽然法院判决的说理部分将李某某的妻子蔡某某证言也作为重要证据予以认定，但法官清楚李某某的证言是最重要的，法官也注意到了公诉机关提供的李某某书面证词仅有一份。尽管法官未同意辩护人要求李某某出庭作证的申请，但在结果部分，判决书把800余万元获利行为归类到挪用公款罪名下，从而变相否定了贪污罪名，这未尝不能算是一种对辩护人努力的弥补，或者说是一种变相的交换。

在关于是否认定陈某构成国有公司人员滥用职权罪一节里，法庭未同意辩护人要求相关人员到庭作证的申请，只是根据公诉机关提供的书面证词认定了本罪。事实上，根据陈某的陈述，辩护人相信某贸易公司借款给明某公司的行为不可能是他个人单独的行为，且辩护人一直认为这种借款行为更多体现了两家公司间的民商事法律关系而不必上升到刑事犯罪的高度。考虑到一旦出事，众人皆避之不及，以及陈某的"个人英雄主义"，法院虽然最终认定了这个行为构成国有公司人员滥用职权罪，但陈某也服判不上诉。

四、关于刑事诉讼的规则和本案的辩护小结

从本案的一审结果看，可以清晰地体现"疑罪从轻"这样一个刑事诉讼的规则。

辩护人如何为委托人在夹缝中求生存而杀出一条血路是必需的基本功，辩护人既需要具备扎实的法律功底，又要有坚持不懈的勇气和娴熟的诉讼技巧。

从法官角度而言，如何客观地听取辩护人和被告人意见，给被告人一个罚当其罪的判决，而又不损害各司法部门间的亲密关系，也需要扎实的法律功底和娴熟的审判技巧。毕竟到最后，公诉人和辩护人发言结束就完成任务了，而判决书是需要法官执笔并存档的。

就本案来说，辩护人从接手案件开始，就从各方面展开了辩护工作，不论是审查被告人供述的全面性和真实性，对公诉机关提供的证人书面证言提出质疑，还是对司法会计鉴定意见提出质疑，要求相关证人出庭等。通过层层推进的主动进攻，动摇了起诉书对于贪污罪这一最重罪名的事实认定基础，从而得到了一个折中的有期徒刑10年的判决结果。这个结果，虽然没有达到辩护人的期望值，但比起公诉人在法庭上给予的最轻13年的认罪量刑，依然还是令陈某高兴的。

【法律链接】

《中华人民共和国刑法》

第三百八十二条　国家工作人员利用职务上的便利，侵吞、窃取、骗取或者以其他手段非法占有公共财物的，是贪污罪。

受国家机关、国有公司、企业、事业单位、人民团体委托管理、经营国有财产的人员，利用职务上的便利，侵吞、窃取、骗取或者以其他手段非法占有国有财物的，以贪污论。

与前两款所列人员勾结，伙同贪污的，以共犯论处。

第三百八十三条　对犯贪污罪的，根据情节轻重，分别依照下列规定处罚：

（一）贪污数额较大或者有其他较重情节的，处三年以下有期徒刑或者拘役，并处罚金。

（二）贪污数额巨大或者有其他严重情节的，处三年以上十年以下有期徒刑，并处罚金或者没收财产。

（三）贪污数额特别巨大或者有其他特别严重情节的，处十年以上有期徒刑或者无期徒刑，并处罚金或者没收财产；数额特别巨大，并使国家和人民利益遭受特别重大损失的，处无期徒刑或者死刑，并处没收财产。

对多次贪污未经处理的，按照累计贪污数额处罚。

犯第一款罪，在提起公诉前如实供述自己罪行、真诚悔罪、积极退赃，避免、减少损害结果的发生，有第一项规定情形的，可以从轻、减轻或者免除处罚；有第二项、第三项规定情形的，可以从轻处罚。

犯第一款罪，有第三项规定情形被判处死刑缓期执行的，人民法院根据犯罪情节等情况可以同时决定在其死刑缓期执行二年期满依法减为无期徒刑后，终身监禁，不得减刑、假释。

第三百八十四条 国家工作人员利用职务上的便利，挪用公款归个人使用，进行非法活动的，或者挪用公款数额较大、进行营利活动的，或者挪用公款数额较大、超过三个月未还的，是挪用公款罪，处五年以下有期徒刑或者拘役；情节严重的，处五年以上有期徒刑。挪用公款数额巨大不退还的，处十年以上有期徒刑或者无期徒刑。

挪用用于救灾、抢险、防汛、优抚、扶贫、移民、救济款物归个人使用的，从重处罚。

第三百九十七条 国家机关工作人员滥用职权或者玩忽职守，致使公共财产、国家和人民利益遭受重大损失的，处三年以下有期徒刑或者拘役；情节特别严重的，处三年以上七年以下有期徒刑。本法另有规定的，依照规定。

国家机关工作人员徇私舞弊，犯前款罪的，处五年以下有期徒刑或者拘役；情节特别严重的，处五年以上十年以下有期徒刑。本法另有规定的，依照规定。

《最高人民法院关于审理挪用公款案件具体应用法律若干问题的解释》（法释〔1998〕9号）

第一条 刑法第三百八十四条规定的"挪用公款归个人使用"，包括挪用者本人使用或者给他人使用。

挪用公款给私有公司、私有企业使用的，属于挪用公款归个人使用。

第二条 对挪用公款罪，应区分三种不同情况予以认定：

（一）挪用公款归个人使用，数额较大、超过三个月未还的，构成挪用公款罪。

挪用正在生息或者需要支付利息的公款归个人使用，数额较大，超过三个月但在案发前全部归还本金的，可以从轻处罚或者免除处罚。给国家、集体造成的利息损失应予追缴。挪用公款数额巨大，超过三个月，案发前全部归还的，可以酌情从轻处罚。

（二）挪用公款数额较大，归个人进行营利活动的，构成挪用公款罪，不受挪用时间和是否归还的限制。在案发前部分或者全部归还本息的，可以从轻处罚；情节轻微的，可以免除处罚。

挪用公款存入银行、用于集资、购买股票、国债等，属于挪用公款进行营利活动。所获取的利息、收益等违法所得，应当追缴，但不计入挪用公款的数额。

（三）挪用公款归个人使用，进行赌博、走私等非法活动的，构成挪用公款罪，不受"数额较大"和挪用时间的限制。

挪用公款给他人使用，不知道使用人用公款进行营利活动或者用于非法活动，数额较大、超过三个月未还的，构成挪用公款罪；明知使用人用于营利活动或者非法活动的，应当认定为挪用人挪用公款进行营利活动或者非法活动。

第三条 挪用公款归个人使用，"数额较大、进行营利活动的"，或者"数额较大、超过三个月未还的"，以挪用公款一万元至三万元为"数额较大"的起点，以挪用公款十五万元至二十万元为"数额巨大"的起点。挪用公款"情节严重"，是指挪用公款数额巨大，或者数额虽未达到巨大，但挪用公款手段恶劣；多次挪用公款；因挪用公款严重影响生产、经营，造成严重损失等情形。

"挪用公款归个人使用，进行非法活动的"，以挪用公款五千元至一万元为追究刑事责任的数额起点。挪用公款五万元至十万元以上的，属于挪用公款归个人使用，进行非法活动"情节严重"的情形之一。挪用公款归个人使用，进行非法活动，情节严重的其他情形，按照本条第一款的规定执行。

各高级人民法院可以根据本地实际情况，按照本解释规定的数额幅度，确定本地区执行的具体数额标准，并报最高人民法院备案。

挪用救灾、抢险、防汛、优抚、扶贫、移民、救济款物归个人使用的数额标准，参照挪用公款归个人使用进行非法活动的数额标准。

第四条　多次挪用公款不还，挪用公款数额累计计算；多次挪用公款，并以后次挪用的公款归还前次挪用的公款，挪用公款数额以案发时未还的实际数额认定。

第五条　"挪用公款数额巨大不退还的"，是指挪用公款数额巨大，因客观原因在一审宣判前不能退还的。

《最高人民法院、最高人民检察院关于办理贪污贿赂刑事案件适用法律若干问题的解释》（法释〔2016〕9号）

第一条　贪污或者受贿数额在三万元以上不满二十万元的，应当认定为刑法第三百八十三条第一款规定的"数额较大"，依法判处三年以下有期徒刑或者拘役，并处罚金。

贪污数额在一万元以上不满三万元，具有下列情形之一的，应当认定为刑法第三百八十三条第一款规定的"其他较重情节"，依法判处三年以下有期徒刑或者拘役，并处罚金：

（一）贪污救灾、抢险、防汛、优抚、扶贫、移民、救济、防疫、社会捐助等特定款物的；

（二）曾因贪污、受贿、挪用公款受过党纪、行政处分的；

（三）曾因故意犯罪受过刑事追究的；

（四）赃款赃物用于非法活动的；

（五）拒不交待赃款赃物去向或者拒不配合追缴工作，致使无法追缴的；

（六）造成恶劣影响或者其他严重后果的。

受贿数额在一万元以上不满三万元，具有前款第二项至第六项规定的情形之一，或者具有下列情形之一的，应当认定为刑法第三百八十三条第一款规定的"其他较重情节"，依法判处三年以下有期徒刑或者拘役，并处罚金：

（一）多次索贿的；

（二）为他人谋取不正当利益，致使公共财产、国家和人民利益遭受损失的；

（三）为他人谋取职务提拔、调整的。

第二条　贪污或者受贿数额在二十万元以上不满三百万元的，应当认定为刑法第三百八十三条第一款规定的"数额巨大"，依法判处三年以上十年以下有期徒刑，并处罚金或者没收财产。

贪污数额在十万元以上不满二十万元，具有本解释第一条第二款规定的情形之一的，应当认定为刑法第三百八十三条第一款规定的"其他严重情节"，依法判处三年以上十年以下有期徒刑，并处罚金或者没收财产。

受贿数额在十万元以上不满二十万元，具有本解释第一条第三款规定的情形之一的，应当认定为刑法第三百八十三条第一款规定的"其他严重情节"，依法判处三年以上十年以下有期徒刑，并处罚金或者没收财产。

第三条　贪污或者受贿数额在三百万元以上的，应当认定为刑法第三百八十三条第一款规定的"数额特别巨大"，依法判处十年以上有期徒刑、无期徒刑或者死刑，并处罚金或者没收财产。

贪污数额在一百五十万元以上不满三百万元，具有本解释第一条第二款规定的情形之一的，应当认定为刑法第三百八十三条第一款规定的"其他特别严重情节"，依法判处十年以上有期徒刑、无期徒刑或者死刑，并处罚金或者没收财产。

受贿数额在一百五十万元以上不满三百万元，具有本解释第一条第三款规定的情形之一的，应当认定为刑法第三百八十三条第一款规定的"其他特别严重情节"，依法判处十年以上有期徒刑、无期徒刑或者死刑，并处罚金或者没收财产。

第四条 贪污、受贿数额特别巨大，犯罪情节特别严重、社会影响特别恶劣、给国家和人民利益造成特别重大损失的，可以判处死刑。

符合前款规定的情形，但具有自首，立功，如实供述自己罪行、真诚悔罪、积极退赃，或者避免、减少损害结果的发生等情节，不是必须立即执行的，可以判处死刑缓期二年执行。

符合第一款规定情形的，根据犯罪情节等情况可以判处死刑缓期二年执行，同时裁判决定在其死刑缓期执行二年期满依法减为无期徒刑后，终身监禁，不得减刑、假释。

第五条 挪用公款归个人使用，进行非法活动，数额在三万元以上的，应当依照刑法第三百八十四条的规定以挪用公款罪追究刑事责任；数额在三百万元以上的，应当认定为刑法第三百八十四条第一款规定的"数额巨大"。具有下列情形之一的，应当认定为刑法第三百八十四条第一款规定的"情节严重"：

（一）挪用公款数额在一百万元以上的；

（二）挪用救灾、抢险、防汛、优抚、扶贫、移民、救济特定款物，数额在五十万元以上不满一百万元的；

（三）挪用公款不退还，数额在五十万元以上不满一百万元的；

（四）其他严重的情节。

第六条 挪用公款归个人使用，进行营利活动或者超过三个月未还，数额在五万元以上的，应当认定为刑法第三百八十四条第一款规定的"数额较大"；数额在五百万元以上的，应当认定为刑法第三百八十四条第一款规定的

"数额巨大"。具有下列情形之一的，应当认定为刑法第三百八十四条第一款规定的"情节严重"：

（一）挪用公款数额在二百万元以上的；

（二）挪用救灾、抢险、防汛、优抚、扶贫、移民、救济特定款物，数额在一百万元以上不满二百万元的；

（三）挪用公款不退还，数额在一百万元以上不满二百万元的；

（四）其他严重的情节。

3. 范某某诈骗案 [1]

何丽君 [*]

辩护切入点

"胜在起诉书"：改变起诉意见书认定犯罪金额。

【案情简介】

公诉机关指控的罪名是诈骗罪。指控事实为 2016 年 11 月 22 日至 30 日，被告人范某甲（同案犯）、范某某以非法占有为目的，受他人雇佣，与阿某龙等人（均另案处理）分工合作，由他人冒充司法机关工作人员通过电话联系被害人丁某某，虚构丁某某涉嫌犯罪的事实，从被害人丁某某处骗取人民币807 165 元。后由被告人范某甲（同案犯）、范某某二人将部分赃款（涉及金额人民币 155 793 元）取现并转移。

2016 年 12 月 10 日至 12 日，被告人范某甲（同案犯）、范某某以非法占有为目的，受他人雇佣，与阿某龙等人（均另案处理）分工合作，由他人冒充司法机关工作人员通过电话联系被害人朱某，虚构朱某被人冒用身份进行非法贷款、需要保全财产的事实，从被害人朱某处骗取人民币 201 500 元。

* 何丽君，毕业于中国政法大学法学专业，上海邦信阳中建中汇（杭州）律师事务所专职律师，杭州市律师协会刑事合规专业委员会委员、杭州律协调解中心律师调解员。

[1] 本案辩护律师为何丽君，提供法律服务期间为侦查至一审判决阶段。

后被告人范某甲（同案犯）、范某某二人将部分诈骗犯罪所得（涉及被害人朱某被骗人民币 27 600 元）取现并转移。

同年 12 月 31 日，被告人范某甲（同案犯）、范某某在厦门高崎国际机场被抓获归案。

【办理过程】

一、辩护人与当事人沟通概况

（一）范某某意见

被告人范某某陈述其从厦门入境后，诈骗团伙成员阿某龙负责接待他们，强制收缴了他的护照和手机，还扬言不听话的话，会找人打他和他的家人，以对其实施人身伤害的方式相胁迫，逼迫其帮助诈骗团伙从 ATM 上取款。这时，他才意识到帮助取出来的钱可能是诈骗来的。但是因为证件和手机已经被收缴，如果不听从其指令担心家人和自己会受到人身伤害，只能听从阿某龙指示帮助其在 ATM 上存取款。

（二）辩护人意见

在征求范某某意见的基础上，辩护人认为本案应认定为掩饰、隐瞒犯罪所得罪。退一步，如果被认定为诈骗罪，也应该是胁从犯。

二、辩护人在阅卷过程中发现的问题

（一）涉案金额认定有问题

（1）侦查机关在起诉意见书中指控范某某在被害人朱某被诈骗一节犯罪事实中涉嫌诈骗金额为 211 800 元。

律师在阅卷后发现，朱某根据诈骗分子的要求于 2016 年 12 月 11 日、12 日两天将钱款打入以下 5 个账户：景某某账户，分 4 次共计打入 39 300 元；任某某账户，分 9 次共计打入 84 800 元；曾某某账户分 6 次打入 39 900 元；

罗某账户，分 2 次打入 20 000 元；张某某账户，分 2 次打入 17 500 元。现有证据证明：打入景某某账户的 39 300 元，任某某账户的 84 800 元，曾某某账户的 39 900 元，总计 164 000 元去向不明。打入罗某账户的 20 000 元，经转入梁某某、王某账户后，最后转入黄某某账户，由范某甲（同案犯）于 2016 年 12 月 12 日 14 时 48 分在泉州市中国农业银行宝洲支行将钱取走。打入张某某账户的其中一笔 7600 元，经转入吴某某、姚某账户后最后转入涂某某账户，由范某某于 2016 年 12 月 11 日 18 时 35 分在泉州市中国建设银行宝洲支行将钱取走。另外打入张某某账户的 9900 元去向不明。现有证据证明范某甲（同案犯）及范某某帮助存取款的总额为 27 600 元，而不是 211 800 元。

（2）公诉机关在起诉书指控范某某在被害人丁某某被诈骗一节犯罪事实中涉嫌诈骗金额为 155 793 元。

被害人丁某某于 2016 年 11 月 30 日转入陈某某账户 155 793 元后，于同日陈某某账户转款 155 790 元转入黄某某账户，黄某某账户于同日将 199 977 元转入宁某账户，宁某账户于同日分别将 20 132 元转入封某某账户、20 105 元转入赵某某账户、20 112 元转入吕某账户、140 元转入黄某账户、140 元转入杨某某账户，其余款项去向不明。

现有证据仅能证明被告人范某甲（同案犯）于 2016 年 11 月 30 日从封某某账户取款 20 000 元，但并无证据能够证明被告人范某甲（同案犯）、范某某于同年 11 月 30 日在赵某某、吕某、黄某、杨某某等人的账户取款，不能排除有其他人取款的合理怀疑。且检察机关仅因款项在同一天从丁某某—陈某某—黄某某—宁某账户流转即要求被告人范某某对 155 793 元的金额承担责任，于理不合。

（二）罪名适用有问题

首先，侦查机关及公诉机关认为范某某涉嫌诈骗罪，但事实上范某某事前对诈骗一无所知，其没有实施诈骗犯罪和帮助他人实施诈骗犯罪的主观故意。另外，他是被胁迫参加犯罪，是在诈骗犯罪既遂后提供存款取款的帮助行为，其行为应涉嫌构成掩饰、隐瞒犯罪所得罪。

其次，经阅卷，律师注意到被害人丁某在询问笔录中陈述"今天才知道钱被转走了，之前我都只是按照对方的指示把手机上收到的银行提示短信和U盾上的提示短信的验证号码，通过打电话的方式告诉他。之前不知道会把钱转走"。由此可知，直至2016年12月27日前，丁某一直相信账户上的钱是在她的控制下，虽然因受骗产生了错误认识，但并没有因此而产生将她的钱转移给他人支配与控制的处分行为与处分意思，显然并未满足成立诈骗罪的构成要件。

三、在审查起诉阶段与检察官的沟通

在案件审查起诉阶段，律师便将上述问题和检察官进行了多次交流，最后检察官采纳了律师意见，在朱某被诈骗一节的事实中，将范某某涉嫌的犯罪金额由侦查机关认定的211 800元改为27 600元，但罪名并未改变，仍以诈骗罪提起公诉。

【判决结果】

法院最终判决被告人范某某犯诈骗罪，判处有期徒刑3年，并处罚金人民币30 000元。

在判决说理部分，法院认为被告人范某某供述其于2016年11月11日入境后即接受阿某龙的指令、入住酒店、接受培训，着手实施犯罪，其参与犯罪已早于本案案发之前，其与其他诈骗人员已经形成了紧密的配合和分工，具有事前通谋。鉴于取钱行为的高报酬、大量银行卡取现、取现的及时性和隐蔽性，被告人应当明知系帮助诈骗分子取款，且二人亦曾在公安机关明确供述知晓系诈骗行为，故不采纳辩护人对罪名提出的辩护意见。

在犯罪金额问题上，法院未完全采纳律师意见，但也对公诉机关认定犯罪金额予以更正，认为在被害人丁某某被诈骗一节犯罪事实中涉嫌诈骗金额为110 893元。

本案判决后，范某某未上诉，公诉机关也未抗诉。

【律师心得】

一、关于辩护人与检察官之间的沟通

本案中，辩护人在审查起诉阶段就犯罪金额等问题与检察官进行了多次沟通，包括电话沟通以及书面沟通。

笔者认为，刑事案件的战场绝不仅是法庭，在审查起诉阶段甚至更早时候都充斥着战机，都有战场，而且辩护介入越早，辩护效果越好。

本案中，公诉机关在起诉书中就部分采纳了律师的意见，大大降低了当事人的犯罪金额，并最终在量刑方面为被告人争取到最好的辩护效果。

二、阅卷需细致

本案中，诈骗后钱款的流向问题是关键，而这需要律师在阅卷时能有巨大的耐心和十足的细心。其实，刑辩律师不就是需要胆大心细，鸡蛋里挑骨头吗？尤其是经济类犯罪，犯罪金额认定往往需要律师下大功夫去耐心寻找辩护突破口。

本案中，律师在查看银行流水时会制作一些表格，画一些流程图，并将这些材料附在法律文书后一并提交给检察官和法官，这让律师与检察官、法官之间的沟通事半功倍。在司法实践中，律师与检察官和法官的沟通，切忌长篇大论，一定要提纲挈领，尽量在短时间内让检察官和法官知晓辩护人的观点，从而达到有效辩护。

对于一些看上去无法改变的证据，也要认真核查。在有的案件中，被告人自身对于犯罪金额也是稀里糊涂，不明所以，一旦看到侦查机关的鉴定意见时，也往往提不出有效的反驳观点。这时候，辩护人的价值就可以充分得到体现，但是否能体现，还要看辩护人是否细心和认真了，不要因为鉴定意见比较专业，就盲目认定其客观性。事实上，经济犯罪的主要证据——鉴定意见，应该是辩护人的主攻目标，辩护人要结合案情，确定鉴定意见是否真

实反映了犯罪事实和数据。

【法律链接】

《中华人民共和国刑法》

第二百六十六条 诈骗公私财物，数额较大的，处三年以下有期徒刑、拘役或者管制，并处或者单处罚金；数额巨大或者有其他严重情节的，处三年以上十年以下有期徒刑，并处罚金；数额特别巨大或者有其他特别严重情节的，处十年以上有期徒刑或者无期徒刑，并处罚金或者没收财产。本法另有规定的，依照规定。

《最高人民法院、最高人民检察院关于办理诈骗刑事案件具体应用法律若干问题的解释》（法释〔2017〕7号）

第一条 诈骗公私财物价值3000元至1万元以上、3万元至10万元以上、50万元以上的，应当分别认定为刑法第二百六十六条规定的"数额较大"、"数额巨大"、"数额特别巨大"。

……

4.戴某非法持有毒品、容留他人吸毒罪案[①]

冀　磊[*]

> **辩护切入点**
>
> 对于非法持有毒品的克数存疑，坚持有利于被告人的原则；
>
> 抓住容留他人吸毒的"他人"进行概念分析。

【案情简介】

一、侦查机关指控戴某犯有非法持有毒品、容留他人吸毒罪

2019年11月4日23时许，民警在犯罪嫌疑人戴某租住的公寓内检查时，查获在该处吸食毒品的吸毒人员戴某、蒋某、胡某、肖某，并从茶几上查获一黑色塑料盒子装有16颗"麻果"（编号1–1，净重1.5克），茶几上无包装的9颗"麻果"（编号1–2，净重0.84克）和一透明塑料袋包装的"麻果"（编号1–3，净重9.39克）及吸毒工具，从茶几抽屉内查获一蓝色塑料袋装的"麻果"（编号2–1，净重9.22克，其中80颗为蒋某、胡某带去的）和一透明塑料袋包装的"K粉"（编号2–2，净重20.09克）。经鉴定，编号1–1、1–2、1–3、

---

* 　冀磊，毕业于中南财经政法大学，哲学硕士，上海邦信阳中建中汇（武汉）律师事务所专职律师。

① 　本案辩护律师为冀磊，提供法律服务期间为侦查阶段至一审判决阶段。

2–1 的物品中检出毒品甲基苯丙胺成分，编号 2–2 的物品中检出毒品氯胺酮成分。

二、公诉机关指控戴某犯有容留他人吸毒罪

2019 年 11 月 4 日晚，被告人戴某在其租住的某市某区某公寓楼，容留吸毒人员蒋某、胡某、肖某吸食毒品甲基苯丙胺（俗称"麻果"）。当晚 11 时许被公安机关现场查获，并从茶几上、抽屉内查获毒品甲基苯丙胺若干。经现场尿液检测，被告人戴某、吸毒人员蒋某、胡某、肖某尿液均呈甲基苯丙胺阳性。

【办理过程】

一、辩护人与当事人沟通概况

（一）戴某意见

辩护人介入后，多次会见戴某与其沟通，向他分析案情和讲述案件进展。因戴某讲江湖义气，在公安机关对其进行第一次讯问时承诺所有毒品即自己所有。这样结合其他证人证言等证据公安机关直接认定戴某构成非法持有毒品罪、容留他人吸毒罪，并以两罪提请检察院批准逮捕。

（二）辩护人意见

在向戴某分析案情和讲解可能承担的后果，并借由亲情打动戴某之后，戴某终肯透露实情。当场查获的毒品并非全部是戴某所有，肖某同戴某是恋人关系，并同居于案发公寓。于是，辩护人决定向公安机关申请，对证人蒋某和胡某重新询问，如果毒品克数无法全部归属于犯罪嫌疑人戴某，且没有达到该罪构成的持有数量，非法持有毒品罪就不构成；就容留他人吸毒罪，在得知肖某同戴某的关系之后，对于容留人数也有异议，对此罪做无罪或罪轻辩护。

二、辩护人在阅卷过程中发现的问题

（一）证人证言不一致

辩护人发现，在11月5日、11月9日、11月14日证人蒋某和胡某的证言对于毒品系谁所有？是否有携带毒品？携带多少毒品？这些问题存在不一致的回答和模糊的回答。

（二）现场搜查到肖某的个人生活用品却不予认定恋人同居关系

公安机关案发当天搜查公寓发现了肖某的个人生活用品，再加上戴某的供述，可以证明两人系恋人同居关系，可公安机关因女方不承认系恋人关系就予以否定。

三、与侦查机关沟通

在了解案情的基础上，辩护人以书面方式向侦查机关提交了辩护意见。

（1）办案机关当场查获的毒品有麻果和沙，经称重麻果有200多颗，约23克，沙有1袋，约20克，这些毒品中包含了蒋某和胡某带来的毒品，那么对于办案机关认定的毒品数量应当在扣除蒋某和胡某持有的部分之后才能归责于戴某。这一认定直接关系到戴某是否构罪或者构罪如何量刑等问题，所以提请办案机关对相关事实搜集证据，进一步予以查明，若情况无法查明，也应秉持有利于被告人原则作出认定。

（2）本案肖某同戴某系恋人关系，持续有一年多，两人同居于涉案房屋，案发当日警方搜出的女性衣物也足以证明。两人如此密切的关系且较为固定地居住在一起，可以说共同对场所具有支配权和控制权，戴某容留肖某在房屋内吸食毒品，不符合容留他人吸毒罪的构成要件，戴某实际只容留了两人吸食毒品，且容留的两人自身携带毒品主动前往戴某家吸食毒品，不符合容留他人吸毒罪的定罪标准，戴某的行为不构成容留他人吸毒罪。

四、侦查终结

公安机关经过重新侦查，因当场查获的四种编号的毒品克数单独都不足

以定罪，且当场查获的毒品中有蒋某和胡某自身携带而来的毒品，毒品克数归属到每个人又无法查清，最终采取存疑有利于被告人的原则，拿掉了犯罪嫌疑人戴某非法持有毒品罪这一罪名；关于容留他人吸毒罪，侦查机关没有采纳辩护人的观点。

【判决结果】

本案在侦查阶段达到了很好的辩护效果，犯罪嫌疑人认罪认罚，适用简易程序从速处理。在疫情影响之下，本案从立案到判决，只用了两个月。公诉机关以容留他人吸毒罪提起公诉，法院予以支持。

公诉机关指控，2019年11月4日晚，被告人戴某在其租住的某市某区某公寓楼，容留吸毒人员蒋某、胡某、肖某吸食毒品甲基苯丙胺（俗称"麻果"）。当晚11时许被公安机关现场查获，并从茶几上、抽屉内查获毒品甲基苯丙胺若干。经现场尿液检测，被告人戴某、吸毒人员蒋某、胡某、肖某尿液均呈甲基苯丙胺阳性。

上述事实，被告人戴某在开庭审理过程中亦无异议，并有物证照片，公安机关出具的抓获经过、破案经过及情况说明、被告人户籍材料、全国违法犯罪人员信息查询记录、搜查笔录、扣押笔录、扣押清单、称量笔录及照片、取样笔录及照片、行政处罚决定书、房屋租赁合同等书证，证人蒋某、胡某、肖某的证言，被告人戴某的供述，检验报告、现场检测报告书，视听资料等证据证实，足以认定。

法院认为，被告人戴某容留他人吸食毒品，其行为已构成容留他人吸毒罪。公诉机关指控的罪名成立。被告人戴某归案后如实供述自己的罪行，可以从轻处罚。辩护人提出被告人戴某归案后如实供述自己的罪行，请求对其从轻处罚的辩护意见，符合事实与法律规定，本院予以采纳。综上所述，在查明犯罪事实的基础上，被告人戴某具有归案后如实供述罪行的量刑情节。依照《刑法》第三百五十四条、第五十二条、第五十三条第一款、第六十七

条第三款、第六十四条的规定，判决如下：被告人戴某犯容留他人吸毒罪，判处有期徒刑 6 个月，并处罚金人民币 5000 元（已预缴纳）；公安机关扣押的涉案毒品、吸毒工具麻果壶依法予以没收。

本案判决后，戴某未上诉，公诉机关也未抗诉。

【律师心得】

一、关于律师与客户间的沟通

信任是律师与客户之间达成有效沟通的桥梁。辩护人首先要取得被告人的信任，被告人才可能将所有案情毫无保留地告知辩护人，由专业的辩护人为其提供服务。

本案辩护人通过晓之以理、动之以情，取得被告人信任后，被告人才愿意向辩护人交代案件实情，这也为他自己争取到了最好的判决结果。

二、关于辩护人与侦查人员之间的沟通

本案中，辩护人多次口头跟侦查人员进行沟通，并书面提交辩护意见，向侦查人员申请对犯罪嫌疑人、证人进行重新讯问和询问，这是刑事诉讼法赋予辩护人的权利，也有利于辩护人最大限度为犯罪嫌疑人、被告人争取合法权益。正因如此，案件结果发生了转变，犯罪嫌疑人、被告人获得了最大限度的合法保护。

三、关于辩护人与法官之间的沟通

本案被告人对起诉书指控的事实和罪名均无异议，并自愿认罪认罚，辩护人基于此情况主动提出建议适用简易程序审理，并愿意在开庭当天缴纳罚金。既节省了司法资源，又加快了案件处理，取得了很好的辩护效果。

四、关于证据

本案抓住了言辞证据的细节，并结合存疑有利于被告人原则，取得了好的效果。这也使得辩护人更加坚持在刑事案件中一定要做好阅卷记录，甚至

做好阅卷记录表，对卷宗中的证据细节也要多加注意。

五、关于本案的辩护小结

从本案的整个诉讼程序到最后的一审结果来看，可以看到我国法治思维的一个进步，由当年的"疑罪从轻"渐渐向"疑罪从无"过渡，这与我们国家法治人才建设是密不可分的。可是，同时也看到辩护人在刑事案件中要想达到理想的辩护效果也是困难重重。

这表明辩护人既需要具备扎实的法律功底，又要有坚持不懈的勇气和娴熟的诉讼技巧。

就本案来说，辩护人从接手案件开始，就从各方面开展了辩护工作，不仅充分审查被告人供述的全面性和真实性，还原案件的本来面目，还对侦查机关提供的证人证言提出有力质疑。通过层层推进，动摇了侦查机关对于非法持有毒品罪这一罪名的事实认定基础，从而在侦查机关提起公诉意见书时就已经拿掉了非法持有毒品罪这个罪名。这个结果尽管没有达到辩护人最理想的期望值，但通过辩护人的专业和态度，尽最大可能依法保护了被告人的合法权益，对此，辩护人是有成就感的，结果也令被告人满意。

【法律链接】

《中华人民共和国刑法》

第三百四十八条 非法持有鸦片一千克以上、海洛因或者甲基苯丙胺五十克以上或者其他毒品数量大的，处七年以上有期徒刑或者无期徒刑，并处罚金；非法持有鸦片二百克以上不满一千克、海洛因或者甲基苯丙胺十克以上不满五十克或者其他毒品数量较大的，处三年以下有期徒刑、拘役或者管制，并处罚金；情节严重的，处三年以上七年以下有期徒刑，并处罚金。

第三百五十四条 容留他人吸食、注射毒品的，处三年以下有期徒刑、拘役或者管制，并处罚金。

《最高人民检察院、公安部关于公安机关管辖的刑事案件立案追诉标准的规定（三）》（公通字〔2012〕26号）

第二条 明知是毒品而非法持有，涉嫌下列情形之一的，应予立案追诉：（一）鸦片二百克以上、海洛因、可卡因或者甲基苯丙胺十克以上；

第十一条 ……

提供场所，容留他人吸食、注射毒品，涉嫌下列情形之一的，应予立案追诉：

……

（二）一次容留三人以上吸食、注射毒品的，应予立案追诉；

……

5. 江苏某国际货运代理有限公司、陈某某等走私普通货物案[①]

金赟[*]

> **辩护切入点**
>
> 在审查起诉阶段说服检察机关重新核定"核定证明书";"核定证明书"对涉案琥珀的税则号列划分可能存在错误;证明"核定证明书"数额计算存在错误。

【案情简介】

本案被告人陈某某、赵某某系夫妻,两人长期在江苏省扬州市从事琥珀、绿松石等珠宝玉石方面的交易,旗下拥有多家珠宝玉石的工艺品加工厂、销售公司,其中被告单位江苏某国际货运代理有限公司为两人所设公司,专门负责琥珀的海外进口及报关等事宜,被告人陈某某为法定代表人、总经理暨股东,被告人赵某某为商务负责人员。

2013年8月,面对日益猖獗的走私现象,海关总署、工业和信息化部、公安部等多部门联合下发《打击走私专项斗争和联合行动方案》的通知,由

---

[*] 金赟,毕业于上海大学,法学学士学位,上海邦信阳中建中汇律师事务所合伙人,拥有中国期货从业资格、中国基金从业资格以及上海市房地产经纪人资格。

[①] 本案辩护律师为陈佩学、金赟、项岚,提供法律服务期间为审查起诉至一审审判阶段。

此在全国各地拉开了"国门之盾"的序幕，全国各地海关缉私部门大力加强了对走私案件的稽查力度。

2014年5月，上海洋山海关稽查处在日常临检过程中，发现本案被告公司江苏某国际货运代理有限公司的部分报关单据数据偏离常规，可能存在走私进口琥珀并偷逃进口税额的情况。在此情况下，上海洋山海关稽查处将案件报送上海海关缉私局。

同月，上海海关缉私局对本案正式立案并展开调查。经调查，侦查机关认为本案被告公司江苏某国际货运代理有限公司在进口琥珀原石等货物过程中，通过向海关制作虚假报关单证并采取低报价格方式走私琥珀42票，涉嫌偷逃进口环节应缴税额5 345 915.43元。针对侦查机关所核定的偷逃税额金额，依照《最高人民法院、最高人民检察院关于办理走私刑事案件适用法律若干问题的解释》的规定，单位犯走私普通货物、物品罪，偷逃税额在500万元以上的，应当认定为"情节特别严重"，在此情况下单位直接负责的主管人员和其他直接责任人员将面临10年以上有期徒刑。

案件移送检察院进入审查起诉阶段后，被告人赵某某（当时处于取保候审状态）至本所委托本律师团队为被告单位及两位被告人的辩护人。自此，本律师团队作为辩护人介入本案。

【办理过程】

一、分析侦查机关起诉意见书所认定的事实

本律师团队正式介入案件后，立即对已经移送至检察院的卷宗材料进行调阅。本案"起诉意见书"所认定的犯罪事实如下：

2012年9月至2014年5月，江苏某国际货运代理有限公司从墨西哥进口琥珀，为降低公司进口成本、谋取非法利润，陈某某和赵某某在明知进口琥珀的实际成交价格的情况下，经商议后决定采取低报价格方式进口琥珀，偷逃进口环节应缴税额。进口通关过程中，赵某某根据陈某某确定的申报价

格填制虚假的低价报关发票交由报关公司进行报关。陈某某和赵某某均参与联系墨西哥外商的工作，陈某某还负责琥珀的对外支付货款和国内销售工作；其中申报金额相应的货款由江苏某国际货运代理有限公司对外支付，低报产生的差额货款由陈某某在香港注册成立的某国际物流（香港）有限公司对外支付。某国际物流（香港）有限公司对外支付差额货款所需的资金，系陈某某通过与他人的国内私人账户间的周转和将江苏某国际货运代理有限公司正常业务所需向客户收取的费用，转移到某国际物流（香港）有限公司账户的形式来完成。

经海关核税部门核定，2012 年 9 月至 2014 年 5 月，江苏某国际货运代理有限公司采取低报价格方式走私进口琥珀 42 票，涉嫌偷逃进口环节应缴税款 5 345 915.43 元。

二、第一次会见当事人的情况

在本律师团队介入时，侦查机关已经将证据固定完毕并移送至检察机关，即进入了审查起诉阶段，同时两名被告人在笔录中对于相关书证也已经确认。在此情况下辩护人阅卷后除向两名被告人就涉案罪名及量刑进行释明以外，更多考虑的是如何缓解和安抚被羁押的被告人陈某某的情绪。毕竟在起诉意见书中已经将案件所涉偷逃税款金额认定在人民币 500 万元以上，而在以涉案金额来划档量刑的案件中，这就意味着被告人陈某某极有可能被判处 10 年以上有期徒刑。

会见过程中，辩护人向被告人陈某某就所涉罪名及量刑进行简单的解释说明，并在告知其妻子赵某某（取保候审）及女儿目前生活状况均可的情况下，进一步与陈某某交流其发家史、琥珀的行业情况及其为何铤而走险选择走上违法犯罪的道路。

作为一个从 20 世纪 90 年代开始进入琥珀行业的"专家"，陈某某亲身参与并经历了国内琥珀行业的起步、进口批发、加工、销售等整个过程。2008 年起，陈某某和妻子成立公司经营琥珀，刚开始时主要是从波兰、立陶宛等地采购银镶琥珀，属于琥珀制成品，直至 2013 年结束。由于成本压力，从 2014 年开始从墨西哥进口琥珀原矿和圆珠料半成品。同时在交谈的过程中，辩护人得知，由于琥珀原料价格在近几年大幅度增长，同时琥珀原矿及原料在加工过程中往往存在极大的损耗（一般加工损耗在 50%~60%，制作成品损耗高达 80%），人工及雕刻成本（一般技术人员每月薪资在 1 万元~3 万元）更是居高不下，因此为了保障利润，国内在琥珀进口过程中经常出现偷逃税款的情况。几种常见的走私模式：①水客或集装箱等运输工具偷运进关；②以松香货物名称报关入境；③以低报琥珀进关价格的方式入境。其中，前两种基本无须交税，第三种相对而言是少交税款。本案陈某某所经营的江苏某国际货运代理有限公司采取的正是第三种模式，并在申报的过程中以低价方式参照《海关税则》第七十一章的宝石类税号进行申报。

三、会见后，辩护人对侦查机关所核定的"偷逃税款"金额产生异议

辩护人在和陈某某会见后，辩护人及被告人陈某某均已对本案所涉罪名无异议，同时被告人陈某某对于侦查机关所核定的偷逃税额金额亦基本接受，并就所面临的刑期已有了一定的思想准备。但是，辩护人在和陈某某的交谈中发现本案中最为重要的量刑证据存在问题，即侦查机关所提交的中华人民共和国洋山海关就本案所涉偷逃税款出具的"涉嫌走私的货物、物品偷逃税款海关核定证明书"（以下简称"核定证明书"）对于本案所涉的偷逃税额可能认定错误。

侦查机关所提交的"核定证明书"显示，其所列明的本案涉嫌走私货物的品名分别为琥珀原石、琥珀圆珠和琥珀圆珠半成品，同时在进行计核时分别对琥珀原石适用 2530909999 号税则号列，对琥珀圆珠和琥珀圆珠半成品适用 9602009000 号税则号列，两者在增值税均为 17% 的情况下，所涉关税相差巨大。具体为琥珀原石适用 2530909999 号税则号列的关税税率为 3%，琥珀圆珠和琥珀圆珠半成品适用 9602009000 号税则号列的关税税率为 25%，

两者相差超过 8 倍，因此导致最后侦查机关所核定的偷逃税款金额高达 5 345 915.43 元。

对此，辩护人翻阅了"核定证明书"所依据的海关关税税则，分别找到了针对品目 25.30 章节以及品目 96.02 章节的规定，具体如下：

品目 25.30 主要包括"……琥珀，模制后未经进一步加工的片、条、杆或类似形状的粘聚海泡石及粘聚琥珀……"，同时在第二十五章的注释中阐明，"除条文及注释四另有规定以外，本章各品目只包括原产状态的矿产石，或只经过洗涤（包括用化学物质清除杂质而未改变产品结构的）、破碎、磨碎、研粉、淘洗、筛分以及用浮选、磁选和其他机械物理方法（不包括结晶法）精选过的货品，但不得经过焙烧、煅烧、混合或超过品目所列的加工范围。"

品目 96.02 针对的是"已加工的植物质或矿物质雕刻材料及其制品……植物质或矿物雕刻材料指（二）琥珀、海泡石、粘聚琥珀、粘聚海泡石、黑玉及其矿物代用品"，同时品目 96.02 属于《海关税则》的第九十六章杂项制品，该章包括"雕刻和模塑材料及其制品、某些扫把、刷子和筛、某些缝纫用品、某些书写及办公用品、某些烟具、某些化妆用具、某些具有吸收性的卫生用产品［任何材料制的卫生巾（护垫）及止血塞、婴儿尿布及尿布衬里和类似品］及协调制度用其他品目未具体列名的其他物品"。

由此可见，尽管两个品目中均包含了"琥珀"，但是两者有明显区别。品目 25.30 章节所针对的是原料矿石或仅是不改变结构状态下的简单物理破碎、磨碎加工，而品目 96.02 则是需要加工并制成制品，前者俗称为"原料"，后者为"工艺品"。

四、审查起诉阶段的辩护策略

辩护人在了解了"核定证明书"中不同税则号列的划分和区别后，再次和陈某某及其妻子赵某某见面和沟通，在该次具有目的性的沟通过程中，辩护人了解到陈某某自 2014 年起自墨西哥所进口的琥珀在行业内称为"墨西哥红珀"，在进口过程中根据市场需要会分别进口琥珀原石原料和琥珀圆珠原料，其中琥珀原石原料在加工后主要以雕刻制品对外销售，琥珀圆珠原料则是在加工后形成珠状串联制品。同时考虑到进口成本以及琥珀特质，在进口圆珠原料的过程中，为了最大化地将杂质进行涤除以降低重量，在开采的过程以及进口运输前会对圆珠原料进行简单的破碎和磨碎等，对此很多琥珀进口商在报关的时候往往在报关单上将琥珀圆珠原料填写为琥珀圆珠或琥珀圆珠半成品，但实际还是属于琥珀矿石原料。

在了解琥珀行业对于进口过程中琥珀圆珠原料的形成过程以及行业称谓后，辩护人也基本明确了辩护策略。由于被告人以及辩护人对于侦查机关所列罪名均无异议，那么关键就在于如何在量刑环节上进行辩护，而量刑环节最为基础的证据当属"核定证明书"，如有充分证据和理由在审查起诉阶段降低"核定证明书"的核定数额，才会为之后审判阶段的辩护打开空间。

五、针对"核定证明书"提出重新核定要求

我们经常会在经济类的刑事案件中遇到司法审计，由于相关司法审计报告是由第三方专业机构所出具，推翻该机构所出具的审计报告往往非常困难，尤其本案中辩护人所面临的是需要在审查起诉阶段说服检察机关对海关计核部门出具的"核定证明书"进行重新核定，这难上加难。

对此，辩护人制定了先"以子之矛，攻子之盾"的策略，再配以具体释明来明确"核定证明书"中对于涉案琥珀的税则号列划分存在错误。

"以子之矛，攻子之盾"，简言之就是从"核定证明书"本身数据来源出发，拟证明"核定证明书"就算不存在税则号列划分错误的情况下，其本身在数额计算中也存在错误。对此，辩护人提出了如下几点意见。

（1）侦查机关所提交的证据显示，"核定证明书"的计核来源均为被告公司江苏某国际货运代理有限公司电脑上的内部计算数据表格"order list"，其制作过程主要为被告人陈某某自行编辑，目的是内部统计所需，并没有经过任何相对方（发货方）的确认，更无法与报关单的相关数据吻合，其真实

性和合法性存在异议。

（2）"核定证明书"部分数据与计核依据"order list"存在明显的偏差（具体见附件一），该偏差直接导致了本案所涉及的偷逃税款的数额存有差异。

（3）"order list"对应的报关单本身数据存在疑问。事实上，报关单上申报的货物数额并非本案所涉货物的净重，而是包括了货物包装的毛重，因此以报关单来确认实际涉案货物数量或印证"order list"的数额均属不合理，将货物毛重作为数据的报关单本身也不应当作为货物计核的依据。

附件一：

（1）核对证明书第5项对应 order list（0163608），数据应当为16139.05（原核定证明书登记数据为16139.5）

（2）核对证明书第15、16项对应 order list（13-10），数据应当为51341.05（原核定证明书登记数据为51620.50）

（3）核对证明书第21、22项对应 order list（13-13），数据应当为37669.35（原核定证明书登记数据为37750）

（4）核对证明书第25、26项对应 order list（13-16），数据应当为49922（原核定证明书登记数据为50390）

（5）核对证明书第30、31项对应 order list（13-24），数据应当为53149.65（原核定证明书登记数据为53165.60）

（6）核对证明书第44、45项对应 order list（13-35），数据应当为84073（原核定证明书登记数据为84180）

（7）核定证明书第54项，成交价格应为 33 476.5元，核定证明书第55项，成交价格应为 46 724.4元，合计应为 80 200.90元，对应 order list（13-40）（原核定证明书登记数据为121939.6）

（8）核对证明书第80、81项对应 order list（14-53），数据应当为91930.3（原核定证明书登记数据为94220.80）

在以上先行明确"核定证明书"本身原始数据及计算数据已经存在错误

的情况下，辩护人再依照海关关税规则的规定并结合琥珀原石、琥珀圆珠原料等形成的过程，就"核定证明书"中所划分的关税税则号列存在错误提出申请，主要如下：

（1）本案中侦查机关在"核定证明书"中所列明的本案涉嫌走私货物的品名分别为琥珀原石、琥珀圆珠和琥珀圆珠半成品，同时在进行计核时分别对琥珀原石适用2530909999号税则号列，对琥珀圆珠和琥珀圆珠半成品适用9602009000号税则号列。就该税则号列的分别适用情况，辩护人认为：本案所涉琥珀圆珠和琥珀圆珠半成品应纳入品目25.30，而非现在适用的品目96.02。主要理由如下：

①事实上本案所涉的品名为琥珀原石、琥珀圆珠和琥珀圆珠半成品，均为可加工成琥珀制品的琥珀原矿，其不同的称呼仅因在琥珀行业根据原矿加工后形成的制品不同而区别称呼的惯例，不能因该惯例而当然认为属于不同种类。

琥珀原矿分为雕刻琥珀原石料与圆珠琥珀原石料，本案所涉"琥珀原石"即为雕刻琥珀原石料，"琥珀圆珠和琥珀圆珠半成品"即为圆珠琥珀原石料。而本案"核定证明书"所称"琥珀原石"与"琥珀圆珠和琥珀圆珠半成品"，仅是根据行业习惯在报关过程中使用的报关名称，其实际仅是该两种原石料在琥珀行业的加工过程中所针对的是琥珀雕刻制品和琥珀珠状串链制品。

②辩护人认为，在认定物品属于哪一品目时，不应仅从其名称进行判断，而应对物品本身的属性和特征进行考量。一方面，本案所涉琥珀原石的加工工艺为人工雕刻及抛光，其可于加工后形成雕刻挂件等制品，而本案所涉琥珀圆珠和琥珀圆珠半成品的加工工艺为机器打磨、抛光、打孔，其于加工后可形成珠状串链制品，两者均是需要通过一定的加工工艺后才能形成琥珀制品。同时，在经过加工并形成琥珀制品的过程中，本案所涉琥珀原石及琥珀圆珠和琥珀圆珠半成品的损耗率都在70%左右，两者经加工后形成制品的损耗率也是一致的。

由此可见，本案所涉琥珀圆珠和琥珀圆珠半成品仅因加工工艺和加工后制成品不同而与本案所涉琥珀原石加以区分，不应因其报关名称而将其纳入已加工的雕刻材料或制品范围，而应探其本质，即其实为用于加工并于加工后形成琥珀珠状串链制品的琥珀原矿。

（2）本案所涉琥珀圆珠和琥珀圆珠半成品的获取过程完全符合《海关税则》对第二十五章品目的规定，因此应当纳入品目 25.30 的税则号列。

①《海关税则》明确规定，"品目 25.30 主要包括……琥珀，模制后未经进一步加工的片、条、杆或类似形状的粘聚海泡石及粘聚琥珀……"，同时在第二十五章的注释中阐明，"除条文及注释四另有规定以外，本章各品目只包括原产状态的矿产石，或只经过洗涤（包括用化学物质清除杂质而未改变产品结构的）、破碎、磨碎、研粉、淘洗、筛分以及用浮选、磁选和其他机械物理方法（不包括结晶法）精选过的货品，但不得经过焙烧、煅烧、混合或超过品目所列的加工范围"。

②而本案所涉走私的琥珀圆珠和琥珀圆珠半成品事实上是针对琥珀原石中存在较大缝隙和明显物理断痕的部分，通过从缝隙和断痕处折断琥珀原石，促使琥珀原石表面非琥珀部分自然掉落，由此得到的即为本案所涉的琥珀圆珠和琥珀圆珠半成品。该等琥珀圆珠和琥珀圆珠半成品的获取过程完全符合《海关税则》对第二十五章品目的规定，因此应当纳入品目 25.30 的税则号列。

（3）本案所涉琥珀圆珠和琥珀圆珠半成品也不符合海关税则中品目 96.02 的定义，应当纠正。

①海关税则品目 96.02 针对的是"已加工的植物质或矿物质雕刻材料及其制品……，植物质或矿物雕刻材料指（二）琥珀、海泡石、粘聚琥珀、粘聚海泡石、黑玉及其矿物代用品"，同时品目 96.02 属于海关税则的第九十六章杂项制品，该章包括"雕刻和模塑材料及其制品、某些扫把、刷子和筛、某些缝纫用品、某些书写及办公用品、某些烟具、某些化妆用具、某些具有吸收性的卫生用产品［任何材料制的卫生巾（护垫）及止血塞、婴儿尿布及尿布衬里和类似品］及协调制度用其他品目未具体列名的其他物品"。由此

可以看出，从《海关税则》的编制上，第九十六章针对的是经过加工的、包含手工艺附加值并且实际可以使用的制品；而品目 96.02 所述的"已加工"也并非指经过简单物理破碎、磨碎的材料，而应当是指经过一定技艺和深加工处理，附加值已较高的或可实际使用的雕刻材料及制品。显然，本案所涉仅通过折断天然断痕和简单去除的方法处理过的琥珀圆珠和琥珀圆珠半成品并不属于品目 96.02 的范围。

②根据刑法的"罪刑法定原则""疑罪从无原则""从旧兼从轻原则"，如果在无法认定本案所涉琥珀圆珠和琥珀圆珠半成品应纳入哪一品目的范围内时，也应当从轻适用税率及相对应罚则较轻的品目 25.30。

六、案件移送法院前和检察机关的沟通

辩护人向公诉机关提交了针对本案"核定证明书"的重新核定申请以及律师意见书后，积极和公诉机关承办人员沟通并在案件移送法院前进行了会面沟通。同时，在会面沟通前，辩护人和本案另一被告人赵某某（取保候审）进行沟通，要求其提供数个实物样本，尤其是行业内其他销售琥珀的贸易公司对外销售的琥珀原石原料、琥珀圆珠原料、琥珀加工制品以及琥珀圆珠串链。

在公诉机关就案件移送前的最后一次会面中，辩护人不但再次强调了原"核定证明书"中的错误之处，并通过实物展现的方式向公诉机关完整地呈现出琥珀圆珠原料和琥珀圆珠制品的不同。

最终，在案件进入审判阶段前，公诉机关采纳辩护人意见，在起诉书中认定本案偷逃应缴税额为人民币 297.26 万元，比之前认定数额减少了200 余万元。

七、审判阶段的策略

刑事案件共分侦查阶段、审查起诉阶段以及审判阶段，所对应的分别为公安机关、检察机关以及法院，不同阶段辩护人的权利各不相同，但是最终目的是相同的，即争取委托人合法权益的最大化。

如前所述，由于在审查起诉阶段的努力，在罪名不变的情况下公诉机关已经认可本案所涉的偷逃应缴税款为人民币297.26万元，该数额意味着作为单位犯罪的直接负责人陈某某将面临的刑期在3年~10年，这就给辩护人在审判阶段的辩护打开了空间。

对此，辩护人除了确定一般刑事案件中常见的自首、坦白、如实供述、初犯等基本的法定或酌定从轻减轻情节外，更需要从走私案件的特殊性出发，来寻找更多的足以支持审判机关降低本案刑期处罚的理由。

走私罪本质上是指个人或者单位故意违反海关法规，逃避海关监管，通过各种方式运送违禁品进出口或者偷逃关税，其所侵害的是我国的对外贸易制度和税收管理制度，并导致国家税收损失。因此，从一定角度而言，辩护人可以认为本案同样也存在"经济方面的受害人"，被告人能否补缴税款及罚金将极大地影响审判机关的量刑。

辩护人注意到在本案卷宗中所陈述的案发经过有如下记载："2014年5月28日，上海洋山海关20多人，对犯罪嫌疑人陈某某名下的江苏某国际货运代理有限公司及销售公司分别下达'稽查通知书'，立即扣押4台电脑、4部手机、合同、订购单、仓库保管单等全部原始资料，在销售公司扣留工人正在加工生产的雕件、原料，并扣留血珀雕件、蓝珀雕件、蜜蜡雕件等琥珀制成品12 226.9克。"

由此可见，本案中侦查机关已经扣押了被告单位相当价值的物品，但是这些物品价值多少，是否直接抵扣税款或罚金尚未确定，就该问题尚需与本案审判人员进一步沟通和确认。

八、庭前沟通

由于本案中被告人陈某某、赵某某为夫妻关系，同时作为常年从事琥珀行业的经营者，在业内具有一定的知名度，拥有数家琥珀加工厂及销售公司，而多家加工厂均是所属地区的重点残疾人雇用单位及残疾人士培训基地。针对该特殊情况，辩护人积极引导另一被告人赵某某，让其将案件实际

情况与加工厂所在地区的残联进行充分沟通，并在法律允许的范围内以残联的名义函告审判机关，请求给予两名被告人一个改过自新的机会。

辩护人在取得上述残联文件后，立刻和承办法官沟通，告知了法官本案所涉的被告单位及被告人在社会公益上所作出的贡献，在避免承办法官先入为主地认为被告人的主观恶性极大的同时，提出关于本案应缴税款的退赔问题。然而，尽管承办法官认可侦查机关已经扣押了被告单位相当价值的物品，但同时提出由于该被扣押物品具体价值为多少尚无法确定，无法直接抵扣本案中被告单位等所应缴的偷逃税款。

鉴于补缴税款往往是走私案件处理过程中的重中之重，辩护人和被告人陈某某及赵某某进行协商，建议能否退而求其次，对于案件应缴的偷逃税款先通过筹款的方式在开庭审理前补足，经法院认可后，再申请将扣押物品通过拍卖、变卖等方式来缴纳罚金。两名被告人最终同意此方案。

【判决结果】

一审法院认为，被告单位江苏某国际货运代理有限公司及直接负责人陈某某、其他直接责任人员赵某某，违反海关法规、逃避海关监管，采用低报价格的方式走私普通货物，偷逃应缴税款共计 297 万余元，其行为均已构成走私普通货物罪，且情节严重。被告单位江苏某国际货运代理有限公司及被告人陈某某、赵某某具有自首情节，依法可以从轻、减轻处罚。综合考虑江苏某国际货运代理有限公司及陈某某、赵某某当庭认罪，全额退缴偷逃税款，并主动请求变卖、拍卖被扣押货物抵扣罚金等情节，本院决定对江苏某国际货运代理有限公司、陈某某从轻处罚，对赵某某减轻处罚，并对陈某某、赵某某适用缓刑。辩护人的相关意见予以采纳。

据此，为维护国家对普通货物的进出口监管及税收征收制度，法院判决：

①被告单位江苏某国际货运代理有限公司犯走私普通货物罪，判处罚金人民币 300 万元；②被告人陈某某犯走私普通货物罪，判处有期徒刑 3 年，

缓刑4年；③被告人赵某某犯走私普通货物罪，判处有期徒刑2年，缓刑2年；④违法所得予以追缴，扣押在案的货物予以拍卖或者变卖后冲抵罚金。

【律师心得】

事实上，辩护人接收本案和介入的时间并非一个好的时间节点。我们介入本案时已经处于审查起诉阶段，尤其本案属于走私类案件，作为定罪量刑的核心材料更是由海关的计核部门出具，而被告人在本律师介入前也已经对于海关缉私部门所提交的证据材料进行了确认。以上似乎都意味着本案已经是一个"死案"，辩无可辩。

辩护人第一次会见时，更多的是抱着一种安抚的目的，试图通过适当的引导让被告人将为何铤而走险走上这条违法犯罪的道路进行倾诉，以缓解当时预计将面临十年以上有期徒刑的紧张情绪。但是在倾诉过程中，辩护人发现当事人将自己所"认识"的诸多事实简单地认为就是法律事实，如本案中被告人陈某某，其已经明确自2014年起从墨西哥进口琥珀原料矿石同时，仅因在日常报关过程中在报关单上填报了"琥珀圆珠及琥珀圆珠半成品"，因此对于海关计核部门所出具的"核定证明书"中同样填写的"琥珀圆珠及琥珀圆珠半成品"认为属于同一物品而没有异议。但是，从辩护人的角度看，两者之间在法律上是完全不同的，前一种被告人报关自行填报的仅是行业内的习惯称谓，而后一种则是海关关税税则中的品目分类，两者之间仅关税税率相差就超过八倍。之后，就此核心争议问题，辩护人通过提交律师意见，提供大量的公开资料信息甚至多个实物比对，最终说服公诉机关认可辩护人意见。

无论是刑事案件抑或民事案件，当事人所以为的事实和意见并非当然属于法律事实和法律意见，辩护人或代理人的工作就是从专业角度出发，从当事人的事实陈述以及证据材料中提炼出合法有效的法律事实及意见，并得到司法机关的认可。如同本案一样，辩护人在审查起诉阶段以及法院庭审之

前，将意见充分而有效地展现给公诉机关以及审判机关，最终以一种"润物细无声"的方式使委托人的合法利益最大化。

【法律链接】

《中华人民共和国刑法》

第一百五十三条 走私本法第一百五十一条、第一百五十二条、第三百四十七条规定以外的货物、物品的，根据情节轻重，分别依照下列规定处罚：

（一）走私货物、物品偷逃应缴税额较大或者一年内曾因走私被给予二次行政处罚后又走私的，处三年以下有期徒刑或者拘役，并处偷逃应缴税额一倍以上五倍以下罚金。

（二）走私货物、物品偷逃应缴税额巨大或者有其他严重情节的，处三年以上十年以下有期徒刑，并处偷逃应缴税额一倍以上五倍以下罚金。

（三）走私货物、物品偷逃应缴税额特别巨大或者有其他特别严重情节的，处十年以上有期徒刑或者无期徒刑，并处偷逃应缴税额一倍以上五倍以下罚金或者没收财产。

单位犯前款罪的，对单位判处罚金，并对其直接负责的主管人员和其他直接责任人员，处三年以下有期徒刑或者拘役；情节严重的，处三年以上十年以下有期徒刑；情节特别严重的，处十年以上有期徒刑。

对多次走私未经处理的，按照累计走私货物、物品的偷逃应缴税额处罚。

《最高人民法院、最高人民检察院关于办理走私刑事案件适用法律若干问题的解释》（法释〔2014〕10号）

第二十四条 单位犯刑法第一百五十一条、第一百五十二条规定之罪，依照本解释规定的标准定罪处罚。

单位犯走私普通货物、物品罪，偷逃应缴税额在二十万元以上不满一百万元的，应当依照刑法第一百五十三条第二款的规定，对单位判处罚金，并对其直接负责的主管人员和其他直接责任人员，处三年以下有期徒刑或者拘役；偷逃应缴税额在一百万元以上不满五百万元的，应当认定为"情节严重"；偷逃应缴税额在五百万元以上的，应当认定为"情节特别严重"。

《最高人民法院、最高人民检察院关于适用刑事司法解释时间效力问题的规定》（高检发释字〔2001〕5号）

三、对于新的司法解释实施前发生的行为，行为时已有相关司法解释，依照行为时的司法解释办理，但适用新的司法解释对犯罪嫌疑人、被告人有利的，适用新的司法解释。

6. 史某某生产、销售假药案 [①]

李国栋[*]

> **辩护切入点**
>
> 本案中药用级氯化钠不符合法律对药品的定义；本案中药用级氯化钠不是作为药品使用；本案药用级氯化钠是"原料药"而非成品药。

【案情简介】

甲公司是一家生产血液透析及相关治疗用浓缩物产品的公司，在生产上述产品的过程中，会用到"药用级"氯化钠作为原料，并一直向乙公司购买该原料。2014年11月，时任甲公司副总经理的战某某提议，并经与乙公司业务员被告人左某某商议，欲以外贸工业用氯化钠替换甲公司生产中用作原料的乙公司生产的药用氯化钠，从中赚取差价。此后，战某某与各被告人进行了商议，各被告人均表示同意。

而后，左某某要求甲公司从丙公司采购由乙公司供货的药用氯化钠，得到甲公司的批准。此后，左某某分别联系丁公司商定由丁公司以每吨500余

---

* 李国栋，毕业于华东师范大学，法学学士学位，上海邦信阳中建中汇律师事务所律师。发表了《犯罪获益是主从犯认定的重要标准》《评莫焕晶案中消防物业的因素对其量刑的影响》《防疫期间哄抬物价是否涉刑》《享骑的押金在闲鱼上"秒退"是否合法》等文章。

① 本案辩护律师为李国栋、徐志杰，提供法律服务期间为侦查阶段、审查起诉阶段和一审审判阶段。

元的价格向丙公司销售外贸工业用氯化钠，再由丙公司以每吨2200元的价格销售给甲公司，甲公司支付货款后，由丙公司在扣除相关费用并转款给左某某。另外，左某某还要求丁公司不在产品外包装上印制该公司相关信息，且直接运货至上海市某区。

经战某某和史某某、卢某、孔某等人实地查看后，以由战某某与各被告人共同投资成立的戊公司的名义，租赁位于上海市某区的出租仓库作为收货仓库，并按照孔某的意见对该仓库进行了改造。在战某某的指示下，卢某经与左某某联系后，制作了虚假的甲公司与丙公司的采购合同，并由商某某在合同上假冒甲公司采购主管杨某某签名，同时左某某、卢某、商某某又按照乙公司生产的药用氯化钠标识的规格，设计、制作了虚假的含有"执行标准《中华人民共和国药典》2010年版，批准文号国药准字H××××××××"等字样的标签，并交由他人印制，用于粘贴在丁公司送至上述仓库的外贸工业用氯化钠包装袋上。

2014年12月至2015年4月，经左某某、卢某等人联系后，丁公司先后发货并送货至上述仓库的外贸工业用氯化钠共计1160吨。每批货送达上海市某区后，卢某便通知史某某安排人员去仓库收货、卸货。其中，第一批外贸工业用氯化钠送到后，史某某联系孔某前去收货、卸货。在史某某安排他人将印制好的假冒乙公司药用氯化钠标签粘贴在外贸工业用氯化钠外包装袋上后，再由孔某将该批假冒的药用氯化钠运至甲公司仓库。此后，丁公司将外贸工业用氯化钠发运至某区后，史某某联系他人分别收货、卸货、粘贴标签后再运送至甲公司仓库，用于投入该公司生产。截至本案案发，甲公司收到粘贴标签的假冒乙公司药用氯化钠共计1050吨。在上述氯化钠运至甲公司后，被告人火某某在明知假冒的情况下，对不符合中国药典标准的氯化钠出具了检验合格报告。其间，被告人左某某在收到魏某某转来的货款后，将大部分款项转给了战某某，留下14万元作为自己的获利；战某某则分别向卢某、史某某、商某某、孔某账户转账1万余元，向火某某账户转账6500元，作为上述被告人参与犯罪活动的获利。

2015年4月16日，上海市食品药品监督管理局某某分局接举报后，对前述仓库进行检查，在该仓库内查获贴有乙公司"国药准字H××××××××"批准文号标签的氯化钠共计111.5吨，经立案调查后将本案线索移送公安机关立案侦查。此后，公安机关在甲公司仓库内查获该种氯化钠14.75吨，其余假冒药用氯化钠均已被甲公司投入生产。经对甲公司使用涉案假冒药用氯化钠生产的血液透析及相关治疗用浓缩物产品进行抽样检验，综合判定产品合格。

2015年4月17日，公安机关将史某某、卢某抓获。同年6月2日和4日，公安机关分别在湖北省某某县、甲公司将左某某、商某某、孔某、火某某抓获归案。

公诉机关认为，被告人左某某、卢某、史某某、商某某以生产、销售假药为目的，经预谋分工，采取制作虚假合同，设计、印制、粘贴假冒标签的方式，将外贸工业用氯化钠冒充药用氯化钠进行非法销售，从中获取非法利益，生产、销售假药金额达250万余元，属于有其他特别严重情节的情况，其行为均已构成生产、销售假药罪。被告人火某某、孔某明知他人以外贸工业用氯化钠冒充药用氯化钠进行非法销售，仍分别提供仓储、运输、检验等帮助，从中获取非法利益，销售假药金额达230万余元，属于有其他特别严重情节，其行为均已构成销售假药罪。在共同犯罪中，左某某、卢某、史某某均起主要作用，系主犯，应当按照其所参与的全部犯罪处罚；商某某、火某某、孔某均起次要作用，系从犯，应当从轻或者减轻处罚。左某某、卢某、史某某、商某某、火某某、孔某到案后均能如实供述自己的罪行，均可依法从轻处罚。

【办理过程】

一、辩护人会见被告人史某某的情况

史某某从2009年9月就开始在甲公司工作，担任甲公司的生产经理，主要负责原料投放、工人管理、生产环节等工作，在本案中，其承担的是找

仓库、贴标和装卸货的工作。公诉人指控的事实基本属实。

第一次会见交流沟通中，辩护人发觉史某某作为甲公司工作人员，其对于自己的这些行为具有一定的违法性认识，之所以参与只是因为儿子刚出生，家庭开销急速增加，希望通过这些行为赚取一些额外利润贴补家用，但是没有想到后果会这么严重。尤其是当我们告知根据公诉部门所认定的罪名以及本案的销售金额，量刑起点是10年以上且未认定自首、从犯等可以减轻的情节时，他的精神状态是崩溃的。在此情况下，我们不得不花费大量的时间对其进行情绪疏导和精神抚慰。

在他情绪平稳之后，我们与他就案件核心点进行梳理和沟通，尤其是对于本案中的"药品"——药用级氯化钠的特点和用法，以及史某某在共同行为中的分工和作用进行讨论，并最终决定从这两个方向进行突破。同时考虑到史某某个人及其家庭的情况，经商议我们最后决定：让他本人认罪，而我们通过使用独立辩护权，在庭审中采取比较激进的辩护策略，即整体做无罪辩护，同时在不能无罪的情况下给他争取从犯地位，争取量刑在10年以下。

二、主要辩护意见

（一）本案中被告人的行为不符合本罪的构成要件

1.在本案中药用级氯化钠不符合法律对药品的定义

无论公诉人认为被告人是构成销售、生产假药罪还是生产、销售劣药罪，其前提均是涉案药用级氯化钠本身就是"药品"。

《中华人民共和国药品管理法》（以下简称《药品管理法》）第二条第二款规定，药品是指用于预防、治疗、诊断人的疾病，有目的地调节人的生理机能并规定有适应症或者功能主治、用法和用量的物质。可见，药品包含三个法定特征，一是产品用途系用于预防、治疗和诊断人的疾病；二是产品作用在于有目的地调节人的生理机能；三是产品标识上有适应症或者功能主治、用法和用量的规定。

但是本案中的氯化钠明显不符合以上特征，理由如下：首先，真正用来治疗、诊断人的疾病和有目的地调节人的生理机能的是甲公司生产的透析液，而非药用级氯化钠。其次，从公诉人提供的证据来看，乙公司生产的药用级氯化钠的标识上并没有功能主治、用法和用量的规定。

因此，本案中的氯化钠显然不属于法律规定的药品。

2. 在本案中药用级氯化钠不是作为药品使用

《药品管理法》对药品的界定标准，主要在于其功能和用途。药用级氯化钠如果作为"药品"的有机组成部分，可能间接发挥其治疗疾病的功能和用途。然而根据甲公司生产的透析液批准文号，该透析液并不是一种药品，而是医疗器械。

《医疗器械监督管理条例》第七十六条规定，医疗器械是指直接或者间接用于人体的仪器、设备、器具、体外诊断试剂及校准物、材料以及其他类似或者相关的物品，包括所需要的计算机软件；其效用主要通过物理等方式获得，不是通过药理学、免疫学或者代谢的方式获得，或者虽然有这些方式参与但是只起辅助作用。

由此可见，医疗器械和药品的最大区别就是他的效用主要通过物理作用产生，而药品是通过直接进入人体，通过化学反应发挥效用。本案中的透析液确实也不与血液直接发生接触，而是通过"弥散""吸附"等分子间的物理作用，清除血液中的有害物质。在此情况下，本案中的氯化钠即便是作为血液透析混合物的一部分，也不可能起到药品的作用。

因此，本案中的药用级氯化钠并不符合《药品管理法》中药品的功能和用途，公诉机关以《药品管理法》及刑法中与药品有关的条文对其进行定罪指控明显错误。

3. 本案药用级氯化钠是"原料药"而非成品药

退而求其次，若法院仍认定本案乙公司的药用级氯化钠属于"药品"的范畴，其也不属于成品药的范畴。

公诉人举证的乙公司的营业执照显示，其经营范围明确为：原料药（氯化钠）生产销售。乙公司生产的药用级氯化钠的批文和药品生产许可证又明确载明其类型是一种"原料药";该公司所提供的"氯化钠（原料药）生产工艺流程图"亦特别强调其生产的氯化钠是一种原料药。因此，本案中的药用级氯化钠起到的功能与作用为充当其他药品的原料。

值得注意的是，《最高人民法院、最高人民检察院关于办理危害药品安全刑事案件适用法律若干问题的解释》第七条第二款规定，以提供给他人生产、销售药品为目的，违反国家规定，生产、销售不符合药用要求的非药品原料、辅料，情节严重的，依照刑法第二百二十五条的规定以非法经营罪定罪处罚。

由此可见，本案被告人的行为是"生产、销售不符合药用要求的非药品原料"，如果本案中透析液属于"药品"的话，显然，被告人所涉罪名为非法经营罪。但是，如果按照公诉人的逻辑，药品（或者原料药）的任何使用都不影响其药品的性质，那上述这种行为就可以直接以生产、销售假药或劣药罪定罪。而该司法解释却将这种行为定为"非法经营罪"，这不是就产生矛盾了吗？那么，最高人民法院和最高人民检察院为什么要制定出该司法解释呢？

揣摩个中缘由，实际上，这体现了司法机关对于药品监督管理的一种态度，即作为其他药品的原料与直接面向市场销售的成品，是应该被区别对待的。

举重以明轻，既然在生产药品过程当中，提供不符合药用级标准的原料都仅是以非法经营罪定罪，而在本案这种生产医疗器械的过程中所发生的行为，反而以生产、销售假（劣）药定罪，并不符合法律的内在逻辑。

综上，当涉案的"药用级氯化钠"在本案中不是"药品"的情况下，所谓"以非药品冒充药品"的法律事实是不成立的，被告人的行为根本不构成生产、销售假药罪或生产、销售劣药罪。

（二）被告人的行为没有侵害生产销售假药罪的犯罪客体

生产、销售假药罪所侵犯的客体有两个，其一是国家对药品正常的监督、管理秩序；其二是不特定多数人的身体健康、生命安全。

1.关于国家对药品正常的监督、管理秩序

为了对药品进行严格的监督和管理，全国人大常委会制定了《药品管理法》，该法第二条第一款规定在中华人民共和国境内从事药品的研制、生产、经营、使用和监督管理活动，适用本法。

由此可见，国家对药品的监督、管理针对的是药品"研制、生产、经营、使用"过程中相关主体的行为。而如前所述，被告人的行为仅仅是向医疗器械生产企业供应原材料，既不是药品的研制者，也不是生产者，更谈不上药品的经营者和使用者。被告人在向甲公司提供原材料的过程中，虽有以次充好的行为，但侵犯的仅仅是甲公司的经济利益，并未破坏任何机构的监督管理秩序。因此，被告人其实并不是受监督和管理的对象。

相反，由于进行医疗器械生产以及最后对成品的质量进行把关的是甲公司，而非被告人。甲公司应该根据法律规定，通过其内部质量管理机制将任何因原材料产生的问题进行内部规制，以保证进入市场的成品的合格性。如果最后进入市场的成品出现质量问题，需要负刑事责任的是甲公司，而非被告人。

显然，在研制、生产、销售药品的过程中，受相关职能部门管理和监督的主体只能是甲公司，而不是作为原材料提供者的被告人。而且血液透析混合物作为"医疗器械"，其生产并不受《药品管理法》的约束，应该由《医疗器械监督管理条例》进行规范。

因此从客观上来讲，被告人并不存在破坏药品监督管理秩序的可能性。

2.关于不特定多数人的身体健康、生命安全

上海市食品药品监督管理局某某分局委托广州医疗器械质量监督检验中心进行的检验结果显示，涉案的血液透析浓缩物是合格的。可见用工业盐代替药用级氯化钠作为原材料所生产出来的血液透析浓缩物的成品并不存在质量问题，该氯化钠进入市场后，并不会对不特定多数人的身体健康、生命安全造成任何侵害。

因此，被告人的行为既没有侵犯药品的监督管理秩序，也没有对不特定

多数人的身体健康和生命安全造成伤害或威胁。

（三）即使构成犯罪，被告人史某某在共同犯罪中作用较小，应该认定为从犯

1.史某某参与的环节少，工作技术含量低，且受战某某支配

在庭审中，公诉人罗列了史某某在共同犯罪中的一些行为，然后便依据上述行为直接得出其作用比较大，应该被认定为主犯的结论，然而却没有对整个推导过程进行解释。

公诉人在庭审中罗列了犯罪嫌疑人实施本案的7个环节。辩护人认为在这7个环节中，从丁公司购买工业盐和出具虚假的检验合格报告是最重要的两个环节，也是技术含量最高的环节。

从丁公司购买工业盐并经丙公司转手交易是工业盐能够进入甲公司进行生产的最根本原因。甲公司对氯化钠的供应商有特殊资质要求，能够通过制造假合同，搞定丙公司内部人员做转手交易，是需要极强的人脉关系的。

出具虚假的检验合格报告是工业盐能够以药用级氯化钠的名义投入生产的最关键和最实质的步骤，需要专业的化学检验技能。

以上最重要的两个环节史某某均没有参与。

在其余的环节中，史某某只参与了找仓库、贴标和装卸货的工作，且是接到了战某某的指令后才参与，并非其主动谋划和发起。而且这些工作技术含量极低、可替代性极强，是辅助性工作，根本谈不上起到了主要作用。

2.史某某的获利客观反映了其作用的大小

俗话说"杀头的生意有人做，亏本的生意没人做"，这句话背后隐含了最基本的经济学原理。史某某的获益反映的是其在共同犯罪中付出的成本，该成本包括其体力、智力和资源的付出，是其作用的直接体现。

而他的作用值1万多元。反观战某某一人却获利50多万元，此间高下立判。公诉人也承认战某某如果到案，应该被认定为主犯，可现在获利1万多元的史某某竟然要和获利超过其几十倍的战某某并列为主犯。这个显然不

科学。

在有明确分工的共同犯罪中，区分主犯和从犯是十分重要的，本案中战某某如果到案的话，显然应将其一人定为主犯，其余的均认定为从犯。但现在公诉机关因为战某某在逃，无法定罪量刑，就强行在其他原本应该属于从犯的被告人中再区分出主从犯，这种做法既不符合客观事实，也违反了刑法的谦抑性特征。

三、庭审概况

在质证环节中，我们提出所有相关部门对于涉案氯化钠的检测和研判都是在假定这些氯化钠一定要符合"药用级"氯化钠的标准的前提下进行的。然而，本案的问题是涉案氯化钠是否一定要符合"药用级"氯化钠的标准，或者说涉案氯化钠本身是否是一种"药品"？如果它不是药品，当然不应该去检验和研判其是否符合药品的标准。因此，虽然这些鉴定报告和研判意见一致认定涉案氯化钠为假药，但是我们认为这些证据根本不具备参考价值。

面对上述意见，公诉人反复强调这些氯化钠已经被相关的鉴定报告和研判意见认定为"假药"，其属于假药是无可争议的；而并未对我们举的例子，以及其引申出来的对于"药品"的定义进行正面的回应。

由于史某某在起诉书上位列第三名被告人，在公诉人读完起诉书后，先由左某某和卢某的辩护人发言。这两位被告人的辩护人对指控的罪名都没有异议，做的是罪轻辩护。

其中，左某某的辩护人认为本案六名被告人均是在战某某统一组织、策划下分工实施具体行为，左某某系受战某某胁迫和诱骗参与犯罪，不应认定为主犯；已经被甲公司用作生产的 1 023.75 吨氯化钠，因无实物未经鉴定，不应计入犯罪数额，本案犯罪数额应认定约 28 万元。

卢某的辩护人同样认可了左某某辩护人的意见，并着重强调了卢某的到案情况（史某某与其一同到案）应该属于自首。并从证据效力的角度指出到案经过出具主体存在瑕疵。

之后，我们作为本案第三被告人史某某的辩护人发表意见，抛出了题引中的那个富人吃盐的例子，以说明被告人行为不构成犯罪。同时针对公诉人指控的犯罪环节去说明史某某只是参与了中间次要的辅助环节。在我们第一次发表意见后，商某某、火某某和孔某的辩护人均赞同我们的无罪辩护意见。而左某某和卢某的律师在他们第二次发表意见时，也将自己的罪轻辩护意见修正为无罪辩护意见。

由于所有辩护人均进行无罪辩护，庭审变成了控辩双方针尖对麦芒的交锋。一般来说，在我国的刑事或民事庭审中，一方并不需要对于另一方的每一个观点予以回应，因为他们只需要将自己的观点清楚地表达给作为最终裁判者的法官就够了。但在本案的庭审中，辩护人一方寸土必争，对于公诉人的每个意见都进行了回应。

面对辩护人方面较大的压力，公诉人表示生产销售假药是极其恶劣的犯罪，近两年这类犯罪对人民群众的生命安全造成了极大的危害，并在列举了几个造成多人死亡的假药犯罪案例后，向法官建议对于主犯左某某、卢某和史某某，应该在有期徒刑 15 年以上进行量刑。

对此，我们在最后的辩论意见中补充了史某某的个人情况，即史某某的儿子不满 1 岁，如果服刑 15 年以上，他将错过儿子的整个童年。这仅仅就是因为他参与了贴标，而没有对任何人造成损害。这样的量刑明显偏重。

【判决结果】

判决书评议部分节选

1.关于本案的定性

经审理查明，本案各被告人内外勾结、分工配合，通过自行设计印制有乙公司名号和国药准字药品批准文号的标签并将之粘贴在包装袋上的方法，将丁公司生产的外贸工业氯化钠假冒为乙公司生产的药用氯化钠销售给甲公司。各被告人实施的设计制作标签、粘贴标签并销售涉案氯化钠等行为，应依法认定为生产、销售行为。甲公司购进各被告人提供的假冒药用氯化钠后生产血液透析液等产品，不属于各被告人所实施的犯罪行为。辩护人基于甲公司使用涉案氯化钠生产的血液透析液属医疗器械，无国家规定或者行业、企业规定生产血液透析液必须用药用氯化钠、血液透析液产品质量合格等情况，而提出的本案应认定构成生产、销售不符合标准的医用器材罪，被告人的行为未侵犯生产、销售假药罪的犯罪客体、未造成实际危害结果等辩护观点，脱离了本案定罪处罚的基本事实范畴，均无事实依据。

乙公司营业执照、湖北省食品药品监督管理局药品再注册批件、中华人民共和国药品生产许可证等证据证实，乙公司其生产和经营范围只有原料药（氯化钠）生产销售一项，其生产销售的氯化钠原料药取得国家药品批准文号"国药准字H×××××××"。因此，本案各被告人所贴标假冒的乙公司氯化钠，属经国家批准的、具有国药准字批准文号的原料药。依照《药品管理法》关于药品定义的规定，"原料药"属于药品。经上海市两级药品监督管理部门出具研判意见，认定本案被告人以换贴标方式冒充"国药准字H×××××××"的氯化钠属于"以非药品冒充药品"的假药。因此，本案各被告人未取得药品批准文号，擅自生产、销售假冒乙公司氯化钠的行为，依法应按生产、销售假药论处。各辩护人关于本案定性的观点不成立，本院不予采纳。

2. 关于本案犯罪数额的认定

经查，丁公司营业执照、工业盐检验报告、发货清单、结算业务申请书、出口产品合同、运输统计表、涉案外销工业氯化钠外包装照片，丙公司情况说明、收支情况明细、丙公司与甲公司的虚假合同，付款发票、银行交易资料及证人金某、魏某某、孙某、叶某某、陈某甲等的证言，与本案被告人的供述相互印证，证实丁公司发送到某某路仓库的1160吨氯化钠全部是外销工业盐。本案被告人在仓库接收、存放上述氯化钠并完成粘贴假冒标签生产行为后，假借丙公司名义，以2200元/吨的价格销售给甲公司，甲公司确认购买并已实际提取1050吨涉案氯化钠，支付了部分货款。甲公司收货后，已将大部分氯化钠投入生产。案发后，司法机关对在某某区仓库及甲公司仓库内查获的涉案氯化钠进行取样并委托检验、研判，根据供货方提供的氯化钠全部为外销工业盐、查获的部分盐品的检验、研判意见及在案其他证据，足以认定涉案 1160 吨氯化钠均属"以非药品冒充药品"的假药。辩护人关于已被甲公司用于生产的氯化钠不应计入犯罪数额，本案犯罪数额应认定约 28 万元的意见，无事实依据，本院不予采纳。

3. 关于本案各被告人的作用、地位问题

经查，甲公司原副总经理战某某在共同犯罪中起主要作用，虽然在逃亦不影响认定其系主犯。史某某参与预谋，与其他被告人按照分工，相互配合，实施了生产、销售涉案假冒药用氯化钠的主要犯罪行为，行为积极、作用较大，但与战某某比较又相对次要。综合考虑本案实际，真正做到罪罚相当，本院认定史某某在共同犯罪中起次要作用，系从犯，依法予以从轻或者减轻处罚。各被告人及其辩护人关于各被告人在共同犯罪中作用、地位的辩解和辩护意见成立，本院予以采纳。

综上，法院认为，被告人史某某以生产、销售假药为目的，经预谋分工，采取制作虚假合同，设计、印制、粘贴假冒标签的方式，将外贸工业用氯化钠冒充药用氯化钠进行非法销售，从中获取非法利益，生产、销售假药金额达 250 万余元，属于有其他特别严重情节，其行为已构成生产、销售假药罪，依法应予惩处。被告人史某某相比在逃的战某某，所起作用较为次要，可以认定为从犯，到案后能如实供述自己的罪行，可依法从轻处罚。综合本案犯罪的事实、情节、数额、对社会的危害程度，以及各被告人的主观恶性程度、悔罪表现、人身危险性等，法院决定对被告人史某某予以减轻处罚。

4. 判决结果

被告人史某某犯生产、销售假药罪，判处有期徒刑 3 年 6 个月，并处罚金人民币 50 万元。

扣押在案的假冒药用氯化钠及标签、包装袋、手机等涉案物品予以没

收，追缴各被告人违法所得并予以没收。

【律师心得】

一、刑事审判中的形而上学

在西方，形而上学是哲学的一门学科，专门研究本体论。而恩格斯对形而上学的定义是与辩证法相对的，孤立、片面、静止的思维方式，主要是苏联和中国等受马克思主义哲学影响比较深的一些国家在用。我们在这里用的是后一种意思。

"药用级"氯化钠是药，因此假冒的"药用级"氯化钠，就是假药，这在逻辑上是没有问题的。这也是公诉人和法院在认定过程中使用的逻辑，似乎无懈可击，所以其他辩护人在一开始并没有发现这个逻辑存在什么问题。然而，就像黑格尔说费希特的推理是非法的推理，是从外部偷运了某种东西到这个命题当中去的，上述的推理是非法地偷走了一些东西：即"药用级"氯化钠在用作"预防、治疗、诊断人的疾病，有目的地调节人的生理机能"之时才是药。这种定义并非辩护人创设的，而是《药品管理法》的明确规定。

辩护人为什么在庭审中要举富人吃盐这个例子，就是因为通过这个例子我们会很自然地得出结论，药用级氯化钠并非在任何情况下都是一种"药品"。在有人把它用来烧菜的时候，它也可以是一种调料；有人用它来拍电影的时候，它就是一个道具，在这种情况下还呆板地将其视为药品，是十分荒谬的。

艾思奇在《大众哲学》中说：世界上每一事物，都和周围的事物有机地联系着，都有一定的周围事物作为它的原因和条件，它也就是由于有这一定的原因才能出现，就是由于在这些条件之下才有它存在的意义。如果这些原因和条件变了，那么它本身也要发生变化，不能照原来的样子继续存在下去。

艾思奇所表达的就是一种用联系和发展的眼光认识事物的方法论，这也是唯物辩证法的基本内涵。"药用级"氯化钠这样一种通常作为"药品"用于治病救人的事物，一旦被用于"烧菜""生产医疗器械"等非药品的应用环境中去，它的性质就发生了变化，不再是一种药品。

因此，我们认为，本案中有关部门对于涉案氯化钠的鉴定和研判，脱离了使用情境和条件，仅在观念中将它假设成了性质永远不会发生变化的事物，然后片面地将一般"药品"的标准套用到了它的身上，从而得出了它是假药的结论。这是一种典型的形而上学的错误。

另外，《刑法》第一百四十一条的生产、销售假药罪，将定义假药的权力交给了《药品管理法》。因此该罪是一种由法律创制的行政犯罪。相较于自然犯罪，大多数情况下，行政犯罪不违反伦理道德、文化规范，不侵害个人利益（生产、销售假药罪可能侵犯个人利益，因此行为只违反社会秩序而不侵害个人利益的时候，更应慎重解释）。

张明楷在《刑法学》一书中说，行政刑法、经济刑法是为了实现行政规制、经济管理目的而借用了刑罚手段的法律，其指导原理主要是合目的性……在这种立法体例下，尤其应当同时遵守罪刑法定原则与罪刑相适应原则；特别需要对刑法分则条文进行实质性解释，充分考虑法条的法益保护目的与法条适用的后果。对于法益侵害轻微的行为，即使其处于分则条文的字面含义之内，也应当排除在犯罪之外……

当一个行为符合字面上的犯罪构成要件，就将其认定为犯罪，就是孤立、静止和片面地认识事物，就犯了形而上学的谬误。而考虑其合目的性、对于法益的侵犯程度，就是用联系和发展的眼光看待问题，是对刑法保护法益这个根本目的的积极回应。这样的思考十分具有现实意义，比如前两年的"老太摆摊打气球"案和"药神"案，都应该以这样的思维去审判案件，应将"枪支"和"假药"的定义进行严格限缩，考察其对法益是否有实质性的侵害。而且事实上，无论是传统的犯罪构成四要件说，还是最近比较流行的三阶层说，对于行为与刑法条文规定的犯罪相一致，实质上却没有侵犯法益（犯罪客体）的情形，都应该认定为不构成犯罪。也只有这样才能获得一个既符合人民朴素的正义观又不损害刑法权威的判决。

二、主从犯认定中的经济学

刑法对共同犯罪中主从犯的认定，是以起"主要作用"还是"次要作用"来区分的。我们对"作用"这个词语的一般理解为"对人或事物产生的影响"，这个概念本身是模糊且微妙的，对于同样一个事件对另一个事件的作用大小，不同的人能够得出完全不同的结论。事实上，刑法条文中也没有对"主要作用"和"次要作用"的客观标准进行规定。

对于这个问题，刑事审判实践中主要有以下认定标准：

（1）起意、策划、组织者是主犯；附和、跟从者是从犯；

（2）安排、指挥、支配他人者是主犯；受支配者是从犯；

（3）积极、主动参与和实施行为的是主犯；积极性低、比较被动的是从犯；

（4）犯罪实行行为强度大的，对结果原因力强的是主犯；反之是从犯；

（5）犯罪获益较多的是主犯；犯罪获益较少的是从犯。

值得注意的是，除却犯罪获益这个标准，上述理论和实践中的认定标准，主要围绕对行为人的主观意志和客观行为的判断。而犯罪获益虽然偶有被提及，但基本都处于边缘地位。很多情况下，有些共犯即使获益很低，但由于法院认为其行为符合起"主要作用"的特征，仍然被认定为主犯。

上述标准中，主观方面的判断标准包括积极性、主动性等。客观方面的判断标准包括对行为外表的分析、行为对结果内在影响的分析等。从理论上来说，这些标准固然全面、精确地评价了共同犯罪的整体特征和每个犯罪个体在共同犯罪中的具体作用，但运用到审判实践中仍然存在一些问题。如本案中，共同犯罪由于存在团队分工，各个环节和行为环环相扣，相互之间的影响错综复杂，因而特定的行为只有完完全全地还原到行为当下的情境中才能对其有一个客观公正的评价。

如前所述，"作用"的概念艰深晦涩，从中引申出来的判断标准虽然理论上全面、精确，但由于法律查明的事实与真相之间的这些差异导致在实际运用这些标准进行判断时容易被任意解释和套用，导致法官的自由裁量范围过大。就像本案中对于史某某为假药贴假标签的行为，公诉人虽然并未展开解释，但其言语中所依据的应当是前述标准中的第四条，认为史某某的行为使假药从外观上具备了"真药"的特征，是假药最终能够蒙混过关进入市场的"关键步骤"，即对结果原因力较强，故应该认定为对犯罪结果产生起了"主要作用"。平心而论，这个推导具有一定逻辑性。而辩护人则根据前述标准的第一条和第二条，认为本案的假药虽然通过贴假标签，具备了冒充"真药"的表象，但史某某贴标签的行为是受战某某指示，其处于被动和受支配的地位。而战某某通过自己强大的渠道资源和运作能力购买到了工业级的氯化钠，并全盘策划和指挥，所以战某某是本案的最关键角色。故相较于战某某，史某某显然处于次要地位，而应该被认定为从犯。

在运用各项标准分别认定，得出的结果却是互相矛盾的情况下，法官亦很难抉择。

辩护人认为，本案作为一种以获取经济利益为目的的犯罪，同时又是复杂的共同犯罪（即共犯间有明确分工的犯罪），在认定主从犯的过程中，当前述几条标准（即审判实践中惯用的主要标准）相互矛盾之时，一贯被忽视和边缘化的犯罪获益多寡，应该作为重要的考量标准。

西方经济学原理说，在生产要素市场上，每个人的工资（报酬、获益）其实就是其劳动的价格。所以工资同样由供需定律决定，而不是取决于某个人或组织的喜好、心情、价值观及其所掌握的片面信息。在充分竞争的市场下，任何团队或企业，其工人的工资都趋向于这个工人给团队或企业带来的边际贡献。

本案中，史某某的获益为1万元，而战某某的获益为50万元。根据上述理论，这并不是根据战某某或任何其他人的喜好和心情拍脑袋决定的，而是取决于战某某和史某某各自的"贡献"。否则以史某某等人所获得的利益与隐含的风险相衡量，很难想象他们会在这个犯罪团伙中继续接受战某某的指示。事实上共同犯罪过程中因"分赃不均"造成内讧的情况时有发生。这所谓的"不均"其实并非犯罪所得分配"不平均"，而是从行为人的角度出发，其对共同犯罪团伙的贡献，没有得到"公允"的报偿。因此，犯罪获益作为劳动的价格，是每个共犯"作用"的量化，是比其他标准更加客观和直观的标准。

另外，战某某和史某某等人共同犯罪，战某某却占有了史某某50倍的利润，反映出这二人之间是支配与被支配的关系。前者犯罪是主动寻求犯罪机会、组织犯罪团伙，对于正常的经营活动破坏巨大；后者是迫于生计而加入犯罪团伙，获利也远远低于前者。两者之间有如此严重的不平等，而法律上却将两人置于相同的地位，显然不符合罪刑相适应的原则。

综上，我们认为在经济类犯罪中，应该将犯罪获益作为认定主从犯的重要标准。

三、办案技巧

虽然法院并没有接受我们的无罪辩护意见，但在公诉意见指控史某某是主犯，应该在15年有期徒刑以上量刑的情况下，法院认定了史某某的从犯身份，同时在10年有期徒刑以下的量刑幅度内对其判处了3年半的有期徒刑。相应地其他被告人也获得了较轻的处理，故全体被告人均没有上诉。

本案庭审一直持续到晚上11点，但我们并不觉得疲惫，在整个庭审中，我们尽量就事论事，运用理性和法律说话，不过在激烈的交锋中，也会发表一点过于感性的言论。

相较于检方的15年量刑建议，当事人被判处3年6个月有期徒刑似乎是一个令人满意的结果。但是现在回想起来，是否有必要在庭审中如此强硬？公诉人作出较高的量刑建议是否是对于这种强硬态度的直接回应？是否应该在开庭之前甚至在审查起诉阶段就与公诉人进行充分沟通，以求在公诉人可以做到的层面将我们的意见予以消化。这些都是我们应该进行的反思。

总而言之，辩护人始终认为在中国的司法环境中，并不是没有无罪辩护的空间，无罪辩护在许多情况下也可以实现对当事人最有利的结果。出于对当事人利益的考虑，我们在采取无罪辩护的策略时，也更应该注意方式方法。

【法律链接】

《中华人民共和国刑法》

第一百四十一条 生产、销售假药的，处三年以下有期徒刑或者拘役，并处罚金；对人体健康造成严重危害或者有其他严重情节的，处三年以上十年以下有期徒刑，并处罚金；致人死亡或者有其他特别严重情节的，处十年以上有期徒刑、无期徒刑或者死刑，并处罚金或者没收财产。

药品使用单位的人员明知是假药而提供给他人使用的，依照前款的规定处罚。

《中华人民共和国药品管理法》

第二条

……

本法所称药品，是指用于预防、治疗、诊断人的疾病，有目的地调节人的生理机能并规定有适应症或者功能主治、用法和用量的物质，包括中药、化学药和生物制品等。

第二十五条 ……

本法所称辅料，是指生产药品和调配处方时所用的赋形剂和附加剂。

第四十五条 生产药品所需的原料、辅料，必须符合药用要求、……

第九十八条 禁止生产（包括配制，下同）、销售假药、劣药。

有下列情形之一的，为假药：

（一）药品所含成份与国家药品标准规定的成份不符的；

（二）以非药品冒充药品或者以他种药品冒充此种药品的；

（三）变质的药品；

（四）药品所标明的适应症或者功能主治超出规定范围。

有下列情形之一的药品，为劣药：

（一）药品成份的含量不符合国家药品标准；

（二）被污染的药品；

（三）未标明或者更改有效期的药品；

（四）未注明或者更改产品批号的药品；

（五）超过有效期的药品；

（六）擅自添加防腐剂、辅料的药品；

（七）其他不符合药品标准的药品。

禁止未取得药品批准证明文件生产、进口药品；禁止使用未按照规定审评、审批的原料药、包装材料和容器生产药品。

《中华人民共和国药品管理法实施条例》

第九条 药品生产企业生产药品所使用的原料药，必须具有国务院药品监督管理部门核发的药品批准文号或者进口药品注册证书、医药产品注册证书；但是，未实施批准文号管理的中药材、中药饮片除外。

《药品生产质量管理规范》（卫生部令第 79 号）

第一百零二条 药品生产所用的原辅料、与药品直接接触的包装材料应当符合相应的质量标准。药品上直接印字所用油墨应当符合食用标准要求。

进口原辅料应当符合国家相关的进口管理规定。

《最高人民法院、最高人民检察院关于办理危害药品安全刑事案件适用法律若干问题的解释》（法释〔2014〕14 号）

第四条 生产、销售假药，具有下列情形之一的，应当认定为刑法第一百四十一条规定的"其他特别严重情节"：

（一）致人重度残疾的；

（二）造成三人以上重伤、中度残疾或者器官组织损伤导致严重功能障碍的；

（三）造成五人以上轻度残疾或者器官组织损伤导致一般功能障碍的；

（四）造成十人以上轻伤的；

（五）造成重大、特别重大突发公共卫生事件的；

（六）生产、销售金额五十万元以上的；

（七）生产、销售金额二十万元以上不满五十万元，并具有本解释第一条规定情形之一的；

（八）根据生产、销售的时间、数量、假药种类等，应当认定为情节特别严重的。

第六条 以生产、销售假药、劣药为目的，实施下列行为之一的，应当认定为刑法第一百四十一条、第一百四十二条规定的"生产"：

（一）合成、精制、提取、储存、加工炮制药品原料的行为；

（二）将药品原料、辅料、包装材料制成成品过程中，进行配料、混合、制剂、储存、包装的行为；

（三）印制包装材料、标签、说明书的行为。

医疗机构、医疗机构工作人员明知是假药、劣药而有偿提供给他人使用，或者为出售而购买、储存的行为，应当认定为刑法第一百四十一条、第一百四十二条规定的"销售"。

第七条 违反国家药品管理法律法规，未取得或者使用伪造、变造的药品经营许可证，非法经营药品，情节严重的，依照刑法第二百二十五条的规定以非法经营罪定罪处罚。

以提供给他人生产、销售药品为目的，违反国家规定，生产、销售不符合药用要求的非药品原料、辅料，情节严重的，依照刑法第二百二十五条的规定以非法经营罪定罪处罚。

实施前两款行为，非法经营数额在十万元以上，或者违法所得数额在五万元以上的，应当认定为刑法第二百二十五条规定的"情节严重"；非法经营数额在五十万元以上，或者违法所得数额在二十五万元以上的，应当认定为刑法第二百二十五条规定的"情节特别严重"。

实施本条第二款行为，同时又构成生产、销售伪劣产品罪、以危险方法危害公共安全罪等犯罪的，依照处罚较重的规定定罪处罚。

第八条 明知他人生产、销售假药、劣药，而有下列情形之一的，以共同犯罪论处：

（一）提供资金、贷款、账号、发票、证明、许可证件的；

（二）提供生产、经营场所、设备或者运输、储存、保管、邮寄、网络销售渠道等便利条件的；

（三）提供生产技术或者原料、辅料、包装材料、标签、说明书的；

（四）提供广告宣传等帮助行为的。

7. 陈某诈骗案 ①

苏　琬 *

辩护切入点

厘清犯罪流程，严格区分"高利贷"和"套路贷"，为当事人作无罪辩护。

【案情简介】

2015 年 2 月，被害人顾某因需借款人民币约 10 万元（以下币种均为人民币），与被告人严某、张某联系。被告人严某、张某找到被告人付某，三人经商议，为谋取相关经济利益，约定以严某的名义借款给顾某，并以借款需提前支付利息及逾期保证金为由，要求顾某签订 25 万元的借条及 25 万元的"房地产抵押借款合同"（期限自 2015 年 2 月 12 日起至 2015 年 8 月 11 日止），并通过公证处就如下内容进行公证：

（1）赋予该"房地产借款抵押合同"强制执行力；

（2）委托张某出售顾某名下坐落于本市某处的房屋（委托期限自 2015 年 8 月 12 日起至 2016 年 2 月 12 日止）。

2015 年 2 月 12 日，被告人付某、严某、张某与被害人顾某一同至工商

---

*　苏琬，毕业于华东政法大学，上海邦信阳中建中汇律师事务所专职律师。其曾在《新民周刊》《上海法治报》《中国年度法制新闻视角》等刊物上刊登过多篇专业文章。

①　本案辩护律师为洪流、苏琬，提供法律服务期间为审查起诉阶段至一审判决。

银行某支行，由张某、严某提供资金，以严某的名义将 25 万元汇入顾某账户，后顾某将 15 万元转账至何某账户，将剩余钱款取现、消费等。

2015 年 10 月，因被害人顾某到期未还款，被告人付某、严某、张某经商议，为谋取更高利益，以原有借条不足以支付利息为由，要求顾某以向张某借款的名义签订 50 万元的借条及 50 万元的"房地产抵押借款合同"（期限自 2015 年 10 月 15 日起至 2015 年 11 月 14 日止）。2015 年 10 月 15 日，被告人付某、张某等人与被害人顾某一同至工商银行某支行，张某将 50 万元汇入顾某账户，顾某取现 50 万元全额交还。

2016 年 3 月，因被害人顾某到期未能还款，被告人付某为谋取相关经济利益，介绍被告人雷某给顾某认识，向顾某谎称由雷某为其办理新的银行贷款，骗得顾某配合其与新的出资方梁某签订 100 万元借条，并完成 100 万元房产抵押借款手续。后被告人雷某作为中间人，与出资方代表被告人陈某等人对被害人顾某位于本市某处房产进行实地查看。

2016 年 4 月 1 日，在被告人付某、严某、张某、雷某、陈某等人的陪同下，被害人顾某与梁某签订 100 万元的"房地产借款抵押合同"（期限自 2016 年 4 月 1 日至 2016 年 5 月 31 日止），并通过公证处就如下内容进行公证：

（1）赋予该"房地产借款抵押合同"强制执行效力；

（2）委托陆某出售顾某名下坐落于本市某处房屋（委托期限自 2016 年 6 月 1 日起至 2017 年 5 月 31 日止）。

同日，被告人付某、严某、张某、雷某、陈某、资方梁某、被害人顾某等人至本市某路附近的建设银行。被告人陈某为被害人顾某办理新的建设银行卡，由梁某汇款 100 万元至顾某的账户，顾某按照严某、张某的要求，将 100 万元中的 25 万元转账给严某、50 万元转账给张某。后顾某又在被告人雷某、陈某的陪同下，从多家银行取现剩余的 25 万元并交还雷某、陈某。被告人付某、严某、张某对上述 75 万元分赃获利。同日，被告人严某、张某撤销被害人顾某上述房屋上的 25 万元抵押、50 万元抵押。

事后，被害人顾某发现付某、雷某承诺为其办理的银行贷款迟迟未办成，遂报警。经估价，被害人顾某名下坐落于本市某处房地产的市场价值为218 万余元（2016 年 4 月 1 日评估）。

【办理过程】

一、案件难点

根据起诉书内容可以看出，本案与一般的套路贷案件有所区别。本案实际上分为两段，张某、严某、付某是前一段债务的出资人及实际处理者，雷某、陈某、梁某等人是后一段债务的出资人和处理者。前一段债务的出资人及负责办理借款手续的付某都是本案当中的被告人，而后一段债务中出资人梁某并不是本案当中的被告人。

另外，前段债务在垒高过程中确实存在"套路贷"的常用手法，诸如虚走流水、要求缴纳保证金等，但是后一段陈某所涉的借款，其形式与之前是有所区别的，辩护人认为更符合"高利贷"特征——陈某等人是将付某、张某、严某与顾某之间的借款以整个"债务包"的形式接盘，并且按照民间高利贷流程进行处理。陈某自述其在收"债务包"的时候，不知道该"债务包"是套路贷的结果。

所以我们认为，厘清本案的流程，将案件的阶段分开，是本案的重点。如果第二阶段的借款不是套路贷，那么负责处理第二阶段贷款的陈某则不构成诈骗犯罪，同时出资人梁某不构成犯罪，也说得通了。

二、笔录整理（部分节选）：

本案的主要证据除相关的抵押手续、借条、转账记录外，最为重要的就是被告人的供述、被害人陈述。所以本案当中辩护人将笔录作了详细梳理，并对细节作出了标注。

首先，第一个 25 万元的借款如何产生？

被害人顾某 2018 年 2 月 24 日笔录记载：

"2015 年 2 月上旬与付某、严某、张某谈下来借款 10 万元本金，借期半年，从 2015 年 2 月 12 日到 2015 年 8 月 11 日，利息好像是 3 万元，半年利息我在拿到钱当场就一次性付清。另外 15 万元是保证金，半年后不能还款就要加上 15 万元，要还 25 万元，半年内还款的话就还 10 万元。2015 年 2 月 12 日，办理房产抵押，抵押金额是 25 万元，期限和借款期限一致是半年。然后又去公证处办理委托公证和借款抵押公证，委托公证的内容就是我委托张某帮我办理房产交易和过户手续等。同一天，我们 4 个人又一起去了某处的工行，严某转至我卡里 25 万元，我先取现 5 万元，又转账 15 万元到一个账户。之后又回到付某公司，在办公室把借条写了，利息也退了，实际到手的钱只有七八万元。"

这部分笔录可以看出，虽存在与套路贷过程比较吻合的"保证金"等虚增流水的诈骗手段，但是陈某在此时尚未介入本案，这些行为并非陈某实施。

关于之后被告人付某、严某、张某又如何在 25 万元基础上增加了 50 万元借款，被害人顾某陈述如下：

"25 万元借款是 2015 年 8 月 11 日到期，快到期的时候，付某、严某、张某给我打电话问我怎么还钱，我去付某公司谈了几次，从 8 月谈到 10 月。最后，付说没具体还款方案的话，先敲个 50 万元做保证金。这个钱也不是我要还的具体金额，只是先做个保证，因为我们的还款金额、期限都没有谈妥。付某说之前的 25 万元利息都在往上涨，要我压点钱在他们那里他们才放心。我同意了。2015 年 10 月 15 日，我和张某在某处工商银行走流水，张某转我 50 万元，我当场取现金还给她，付某也在场。借条是在房交中心签的，信息都是随便写的，不是真的要我还 50 万元。至于前面 25 万元借条怎么处理当时没说，我个人理解是 25 万元借款还在，是我真实要还的金额，而之后签的 50 万元借条是保证金的一种形式，并不需要实际还款的。"

直到这里，这件事情仍然与陈某无关。

严某和张某的笔录也可以证明第一阶段的借款陈某并未介入。

之后，在 75 万元借款增加到 100 万元的阶段，陈某出现了。顾某陈述如下：

"2016 年二三月的时候，我接到付某电话，他说他和严某、张某谈好了，我只要还 35 万元，就能把之前签的 25 万元、50 万元借条都去掉。我同意了。付某说帮我联系 100 万元的银行贷款，35 万元可以用银行贷款来还款，剩余的作为我的流动资金，我想银行利息不高，就同意了。付某让我把所有贷款的资料都交给他，包括征信材料、户口本、离婚证、房产证等一大堆材料。后来付某打电话给我说可以办贷款了，让我去跟银行的人见面，我记得是某天晚上 7 点多，是在付某办公室旁边的足疗店里谈的，当时有我、付某，还有一个女的，付某跟我说是银行办贷款的。女的看完材料后说要去看我的房子评估一下，贷款大概 2 个月左右可以办出来。付某全程在场。"

"之后我和女的约了时间去看了房子，那天总共去了三四个人，付某后来跟我联系说要办 100 万元的房产抵押，我问他为什么，他说为了办 100 万元贷款方便，他们和银行有关系，贷款办出来之后 100 万元会从私人抵押变成抵押给银行，直接可以转的。"

最终，顾某以为付某和所谓的女银行工作人员（雷某）是给其办理银行贷款，但实际上是还联系了陈某等人，为其办理私人借贷。所谓的女银行工作人员雷某和陈某是什么关系，所有笔录里以及公诉机关提供的证据里都没有说明。对于给顾某借钱一事，无证据证明陈某与雷某事先有通谋。

雷某的笔录一直是说自己就是去为顾某办理银行贷款的，和陈某也没有任何关系，其不是骗顾某，只是贷款因为种种原因没有办理下来而已。

陈某的笔录前后发生过变化，但是主旨未变：他不知道顾某第一阶段贷款的情况，第二阶段陈某给顾某放贷也并非套路贷，而是高利贷。

陈某在前两次的笔录中都说自己不认识雷某，但是最后一次笔录改口说认识雷某，并且还说顾某在履行完第二阶段借款、抵押的手续就走了，之后雷某曾经告诉他说自己骗了顾某，让顾某以为自己是在办理银行贷款。陈某得知了这一情况却没有及时告知顾某，也并未去找付某等人核实情况，他只是认为这一情况可能会影响到顾某还款，所以将这个信息记录在了自己的借

款详情表当中；且因为存在这一情况，陈某等人在顾某的借款到期之后，也并没有去直接执行顾某的房产。

本案直到案发时，顾某仍然未曾还过一分钱。

三、主要辩护意见

分析本案案情后，律师决定为陈某进行无罪辩护。

（一）关于本案的事实

本案中，被害人顾某的借款过程应分为两个阶段：第一阶段是付某、严某、张某借钱给被害人顾某，该部分借款行为被告人陈某没有参与，所以对于之前付某等人的诈骗行为没有共同的犯意；

第二阶段是付某等人将75万元借款债务再行打包给陈某等人，陈某、梁某、陆某等人借钱给顾某100万元。这是一个新的行为，该借款过程与前期75万元"借款"无关，陈某事实的行为与套路贷借款有着明显的差异，按其表现来看，仅为一般的高利贷款。

（1）陈某等人借款100万元给顾某，不存在以违约金、保证金等套路贷常用名目来骗取被害人资金的情况。顾某之所以认为"该100万元是走账，不需要偿还"，是因为第一阶段75万元借款生成的过程中，付某等人通过保证金等形式让顾某认为"保证金""走流水"等是"借款"的正常操作，这些钱是不用还的，这是顾某在第一阶段被骗后形成的错误认识，跟陈某等人正常的民间借贷行为无关。

（2）雷某和陈某在本案的100万元借款发生之前并不认识，没有通谋，也不存在共同犯意。雷某和付某等人让被害人陷入"办理银行贷款"的错误认识这一过程，陈某既没有参与，也完全不知情，只有在100万元借贷已经完成之后才听到雷某提了一句"被害人以为是要办理银行借款"。

（3）陈某等人放款100万元给顾某，为的是赚取利息，他们约定的利息为月息3.3%，这种利息约定在小额贷款中是比较常见的，不算很高，即便起诉到法院，法院也会支持绝大部分。

（4）陈某放款是希望顾某偿还款项，而不是打算变卖房产。关于这一点，从 2016 年 6 月直到 2017 年 9 月案发之日，将近 15 个月的时间，顾某这套房产一直没有过户。从房产一直没有被变现这一点上看，诈骗的逻辑好像出了问题。

（5）陈某等人向顾某"讨债"的时候不存在非法拘禁、暴力追讨等情况，都是在跟顾某商量如何还款。

（二）关于本案的罪名

根据以上事实我们认为，陈某不构成诈骗犯罪，原因如下：

（1）陈某没有与付某等人形成诈骗犯意，没有介入之前 75 万元诈骗，对第一阶段的诈骗行为不承担刑事责任——起诉书上就数额的认定也间接确认了这一点。

（2）根据陈某供述，第二阶段中，他自己收下了 15 万元，对于第二阶段陈某收下的 15 万元该如何定性？

① 15 万元他自己只拿了 49 000 元，其中还包括了房屋抵押办理公证费等费用。另外 10 万元给了梁某、1000 元给了陆某。如果梁某、陆某拿了钱不构成犯罪，那为什么陈某可以构成犯罪？

②从前述的两阶段事实出发，陈某的行为只是一个普通的高利贷行为，在这一阶段的贷款过程中，不存在"保证金""违约金"，陈某收取的 49 000 元是正常佣金，梁某收取的 10 万元也是正常的借贷利息；对于被害人来说，针对第二阶段 100 万元的借款，月利息也只有 3.3%，属于正常民间借贷的利息范畴，这样的一个行为明显不构成诈骗犯罪。

（3）从目前证据来看，公诉机关用以指控陈某构成犯罪的证据破损凌乱，不能够形成有效的证据链。无论是书证、物证、证人证言，还是被害人陈述，以及被告人在法庭上的当庭供述，都存在重重矛盾，这些矛盾尚未解决，事实尚未完全查清。

（4）关于未遂还是中止的问题。如果陈某是为了诈骗，早在被害人还不起钱的时候陈某就可以将房产变现。因为陈某实际上早已经取得被害人房产的变现权，借款合同也具有强制执行效力，如果陈某等人想要占有顾某的财产，完全可以出售掉房屋。该房产并非无法销售，也并没有陈某意志以外的原因阻止其销售该房产，陈某之所以没有去将该房产变现，完全是因为他主观上不想去出售该房产。他根据事后了解到的信息，觉得借款过程中可能存在问题，所以主动放弃销售该房产，这一中止行为导致的结果是没有给被害人造成损失——这是典型的犯罪中止，而不是未遂。

（5）被害人顾某是出于"以为要给自己办理银行贷款"才愿意配合后续的100万元借款，这一情况陈某不知情，至少陈某在为顾某办理贷款时不知情。根据公安机关调取的资料和陈某的庭上陈述，陈某在贷款已经办理完之后，才得知顾某可能以为是要给他办理银行贷款，但是此时作为出借人一方的陈某，已经将100万元已经全部给了顾某，并且顾某已经分配转账、支取完毕。为了保障自己的资金安全，只能选择不去核实这个问题。但是他并不是导致顾某陷入错误认识的人，仅仅因为陈某没有在得知顾某可能对该笔借款存在错误认识之后及时告知或提醒顾某，就因此认定是陈某让顾某陷入错误认识，显然过于牵强，不符合诈骗罪的构成要件。

（6）本案卷宗材料中检察院"不批准逮捕理由说明书"和"不批准逮捕案件补充侦查提纲"上明确说明陆某、陈某涉嫌诈骗罪事实不清、证据不足，需要"寻找证据证明犯罪嫌疑人陆某、陈某在本案中的作用"。作出这两份文件的时间是2017年11月21日。在该日期之后，卷宗材料中并未出现新的证据材料；同时，在庭审中检察官也无法明确说明哪些证据材料是该日期之后取得并足以证明陈某犯有诈骗罪，既然没有新的证据，为何2017年11月21日检察院认为陈某构成诈骗罪事实不清、证据不足，而本案起诉之时又认定陈某构成诈骗罪呢？

2019年4月9日，最高人民法院、最高人民检察院、公安部、司法部《关于办理"套路贷"刑事案件若干问题的意见》中明确强调，应准确把握"套路贷"与民间借贷的区别，"……民间借贷的出借人是为了到期按照协议约定的内容收回本金并获取利息，不具有非法占有他人钱财的目的，也不会在签订、履行借贷协议的过程中实施虚增借贷金额、制造虚假给付痕迹、恶意制造违约、肆意认定违约、毁匿还款证据等行为"，陈某在该案中并不存在上述任何一种行为，实施的实际上就是普通的民间借贷行为。

所以辩护人认为：首先，第一阶段的贷款与第二阶段的贷款应该是互相独立的，不存在前因后果的关系，不能因为第一阶段的贷款行为是套路贷而认定第二阶段不知情的借款人也构成套路贷；其次，第二阶段中陈某与雷某是相互独立的个体，两人之间没有共同犯意，不应构成共同犯罪。相反，陈某、梁某、陆某三个人是共同办理第二阶段贷款的一个小团体，他们三人在罪与非罪问题上法律应进行同样的评价；最后，陈某对于顾某是要做"银行贷款"这一情况是借款行为结束后才得知的，不能因为他在得知这一情况后没有及时提醒被害人，就反过来倒推为是他使得被害人陷入错误认识。

辩护人认为，陈某、梁某、陆某三人在本案当中的行为是普通的高利贷行为，就这个行为而言，陈某不该承担刑事责任。

四、案外变化

在本案审理过程中，因为一件事情的发生，致使本案中陈某的判决结果发生了重大变化：陈某在 S 市 B 区再次因为涉嫌套路贷，被 B 区警方刑事拘留并转逮捕。

而本案的审理机关是 S 市 Y 区的。在本案中，司法机关之前对陈某采取的是取保候审措施，故陈某在审理过程中并未被限制人身自由。本案的开庭时间拖得比较长，先后开了好几次。在 2019 年 1 月初，本案已经马上要进入宣判阶段时，陈某的姐姐突然打电话告知我们，说陈某因为套路贷问题被 B 区公安机关采取了刑事强制措施，现在人被关进了看守所。这一状态直接影响到了本案法官的判断。法官再中立，他也是一个普通人，有着一般情感和正常的逻辑思维与判断。即便我们的辩护思路可以站住脚，但这个涉嫌套路贷被 B 区公安羁押的事实，已经影响到法院的判断。所以，当我们得知这个

新情况时，就感觉陈某的前景不太妙了。

【判决结果】

一、关于被告人雷某、陈某共同犯罪事实的认定

现有证据可以证实，本案"套路贷"手法是利用人们对重要资产的安全会特别警惕及对自己债务担忧的通常心理，在让被害人以自己名下房产抵押借款逐步垒高借款数额的同时不以出售其房产实现"债权"，致被害人逐步放松警惕，最终得以"办银行贷款需先民间借贷过桥"为幌子，利用被害人名下房产实现"转单平账"。被告人雷某、陈某，一个办理银行抵押贷款，一个代理民间抵押借款，两人业务相冲却受同一人安排同时出场又相安无事；雷某明知民间抵押借款已成，非但不离开反而伙同陈某陪同被害人四处取现，还负责收钱、分钱，陈某不予揭穿还默契配合；一连串反常行为恰恰印证了雷某、陈某对各自扮演的"套路贷"角色心知肚明，也正是雷某的留下和陈某的配合，致使顾某在自己名下房产已被用来"转单平账"时，仍对"办银行贷款需先像民间借贷过桥"深信不疑，并将 25 万元主动交给声称能帮其办银行贷款的雷某。故雷某、陈某的共同犯罪事实应予认定，雷某的辩解及雷某、陈某的辩护人的相关辩护意见与法院查明的事实不符，不予采纳。

二、关于本案犯罪既遂未遂的认定

根据最高人民法院、最高人民检察院、公安部、司法部《关于办理"套路贷"刑事案件若干问题的意见》的规定，已经着手实施"套路贷"，但因意志以外原因未得逞的，可以根据相关罪名所涉及的刑法、司法解释规定，按照已着手非法占有的财物数额认定犯罪未遂。既有既遂，又有未遂，二者在同一量刑幅度的，以犯罪既遂酌情从重处罚。在"套路贷"案件中，对被害人财产失去的数额认定既遂，对未失去仅被骗借条的，认定未遂。本案中，最终"转单平账"的 100 万元已由被告人付某等人实际骗得并分赃使用，该款是被害人顾某基于受骗而用自己名下房产向梁某抵押借款所得，并由被害人本人以现金或转账形式交付。无论是民间抵押借款还是银行抵押贷款，均是被害人以自己名下财产权利为代价所得，其被骗钱款的来源并不影响其钱款被骗的事实。故对被告人已实际骗得的数额应认定既遂，之前实际给付被害人的本金数额 12 万元不计入犯罪数额。且公诉机关亦未指控梁某与被告人恶意串通以被害人房产抵押"平账"，故现有证据尚不足以证明除前述既遂数额外，另有犯罪未遂数额。综上，公诉机关认为本案是犯罪未遂的意见以及辩护人的相关辩护意见与法院查明的事实和相关规定不符，不予采纳。

三、关于本案主从犯的认定

根据最高人民法院、最高人民检察院、公安部、司法部《关于办理"套路贷"刑事案件若干问题的意见》的规定，多人共同实施"套路贷"犯罪，犯罪嫌疑人、被告人在所参与的犯罪中起主要作用的，应当认定为主犯，对其参与或组织、指挥的全部犯罪承担刑事责任；起次要或辅助作用的，应当认定为从犯。"套路贷"案件的主从犯认定不宜一概而论，还应结合个案中的具体作用加以区分。本案中，被告人付某从出面诱骗、"虚增债务"、步步设套、垒高借款至"转单平账"全程参与策划、组织、实施，被告人严某、张某扮演资方、被告人雷某扮演办银行贷款人员、被告人陈某扮演过桥借款代理，均是应"套路贷"角色设计而生，相较付某而言还是起次要作用，应当认定为从犯。公诉机关的意见与法院查明的事实和相关规定不符，不予采纳。

法院认为，被告人付某伙同被告人严某、张某、雷某、陈某等人，以民间借贷为幌子，诱使被害人陷入借贷圈套，通过"制造资金走账流水"的虚假给付事实来"虚增债务"，利用被害人偿还困难，恶意垒高借款金额，诱骗被害人"转单平账"以达到非法占有他人财物的目的。其中，付某、严某、张某数额特别巨大，雷某、陈某数额巨大，其行为均已构成诈骗罪，依法均应予以惩处。公诉机关指控的罪名成立。付某在共同犯罪中起主要作用，是主犯。严某、张某、雷某、陈某在其参与的共同犯罪中起次要作用，是从犯；严某、张某、陈某在侦查阶段如实供述自己的罪行，严某、张某、陈某自愿认罪，依法应当对严某、张某减轻处罚，对雷某、陈某从轻处罚，并根据各自的作用在减轻、从轻的幅度上予以考量。付某、严某、张某、雷某、陈某均有退赔情节，其中付某、严某、张某、陈某取得被害人的谅解，均可酌情从轻处罚，并根据各自的退赔及被害人的谅解情况在量刑时予以区分。付某自愿认罪并供认部分犯罪事实，可以酌情从轻处罚。

最终，法院判处陈某有期徒刑 3 年，并处罚金人民币 6 万元。

【律师心得】

如果陈某在审理过程中没有因为另一个套路贷行为被羁押，也许他的结果会更好一些：毕竟之前检察机关就曾认为指控他参与犯罪的证据不足。但后来由于刑事政策的变化，也因为他在另案中被羁押，从现实操作上考虑，本案法官也不能判处他缓刑，更不要去奢想在打击套路贷的浪潮中对他宣判无罪。

就辩护人来说，在办理本案中的一些心得可总结出来予以分享。

一、做好笔录摘抄，巧制表格、案件流程图

刑事案件中，尤其是多人、多阶段、较为复杂的刑事案件，一定要做笔录摘抄。

有些重大复杂的刑事案件，卷宗多达数百本。如果不整理卷宗目录、不做卷宗摘录，律师甚至连基本的阅卷都难以完成。本案当中，我们针对卷宗本身制作了卷宗目录，对于重要几卷笔录做了摘抄摘录。在制作卷宗摘抄摘录的时候，一定要注意对部分句子一定要"原文摘抄"，主要好处有两方面：一方面，检察官在法庭上举证的时候也是用原文，原文摘录可以使我们快速定位到相应的笔录上；另一方面，有些话法官听起来是这个意思，辩护人听起来是那个意思，只有原文摘录，才能原汁原味地还原当事人所要表达的意思。在摘抄摘录的过程中，也不能只是完全无脑的记录，摘抄过程中发现重

要的地方要予以标记，这样即便是在阅看卷宗后数日，对卷宗的内容有所忘记，只要拿到这本卷宗摘要，都可以第一时间马上回忆起案件的主要内容，并且立刻注意到每一次阅卷时标记出来的重点地方。这样的标记在阅卷时也成为一个大纲，让我们有重点、带着疑问去阅卷，可以取得事半功倍的效果。

案件流程图也是一样，有些案件的过程兜兜转转，人物关系错综复杂，一个优秀清晰的图表是厘清案件事实的基石。想要画好一张图也不是一件容易事，律师自己首先要对案件的脉络有个基本的把握，在这个基础上，分析人物关系，标记事情发展的先后顺序，有些案件甚至还应将关键供述、物证标记在案件流程图上。

二、刑事案件中的蝴蝶效应

蝴蝶效应是指事物发展的结果，对初始条件具有极为敏感的依赖性，初始条件的极小偏差，都将可能会引起结果的极大差异。

在刑事案件中，律师往往会推演出很多个辩护结果——最佳的辩护结果、最可能的辩护结果、最差的辩护结果等。实际上，每一种辩护结果都是多种因素影响交织发展后最终得出的产物，律师能够做的是将所有可能的有利条件最大化加以利用，穷尽所有的救济手段为当事人争取最优结果。因为蝴蝶效应的存在，辩护人在办案过程当中应当注意每一个小细节，因为一个细节的不注意，就有可能导致整个辩护走向失败。

回到本案，虽然辩护人在每个阶段都尽自己最大的努力去为当事人争取权益，甚至还比较乐观地给了当事人预判——最坏的结果无非有罪缓刑。但是当事人未曾告知辩护人的其他事情的爆发，导致本案结果超出了辩护人的预判——陈某因为同一个案由受到 B 区警方的调查。虽然这一结果是辩护人所不能控制的，律师的辩护也并不存在什么问题，但是仍然给我们敲响了警钟——一定要更加关注案内、案外可能影响到案件走向的所有微小因素，并在判断案情时提醒当事人注意；同时在办案时，一定要让当事人充分地相信

律师，把所有可能影响到本案的行为都告知律师。当然，如果当事人心存侥幸，不愿充分与律师交流，那就是另一回事了。

【法律链接】

《中华人民共和国刑法》

第二百六十六条　诈骗公私财物，数额较大的，处三年以下有期徒刑、拘役或者管制，并处或者单处罚金；数额巨大或者有其他严重情节的，处三年以上十年以下有期徒刑，并处罚金；数额特别巨大或者有其他特别严重情节的，处十年以上有期徒刑或者无期徒刑，并处罚金或者没收财产。本法另有规定的，依照规定。

《最高人民法院、最高人民检察院、公安部、司法部关于办理"套路贷"刑事案件若干问题的意见》（法发〔2019〕11号）

3.实践中，"套路贷"的常见犯罪手法和步骤包括但不限于以下情形：

（1）制造民间借贷假象。犯罪嫌疑人、被告人往往以"小额贷款公司""投资公司""咨询公司""担保公司""网络借贷平台"等名义对外宣传，以低息、无抵押、无担保、快速放款等为诱饵吸引被害人借款，继而以"保证金""行规"等虚假理由诱使被害人基于错误认识签订金额虚高的"借贷"协议或相关协议。有的犯罪嫌疑人、被告人还会以被害人先前借贷违约等理由，迫使对方签订金额虚高的"借贷"协议或相关协议。

（2）制造资金走账流水等虚假给付事实。犯罪嫌疑人、被告人按照虚高的"借贷"协议金额将资金转入被害人账户，制造已将全部借款交付被害人的银行流水痕迹，随后便采取各种手段将其中全部或者部分资金收回，被害人实际上并未取得或者完全取得"借贷"协议、银行流水上显示的钱款。

（3）故意制造违约或者肆意认定违约。犯罪嫌疑人、被告人往往会以设置违约陷阱、制造还款障碍等方式，故意造成被害人违约，或者通过肆意认定违约，强行要求被害人偿还虚假债务。

（4）恶意垒高借款金额。当被害人无力偿还时，有的犯罪嫌疑人、被告人会安排其所属公司或者指定的关联公司、关联人员为被害人偿还"借款"，继而与被害人签订金额更大的虚高"借贷"协议或相关协议，通过这种"转单平账""以贷还贷"的方式不断垒高"债务"。

（5）软硬兼施"索债"。在被害人未偿还虚高"借款"的情况下，犯罪嫌疑人、被告人借助诉讼、仲裁、公证或者采用暴力、威胁以及其他手段向被害人或者被害人的特定关系人索取"债务"。

......

4.实施"套路贷"过程中，未采用明显的暴力或者威胁手段，其行为特征从整体上表现为以非法占有为目的，通过虚构事实、隐瞒真相骗取被害人财物的，一般以诈骗罪定罪处罚；对于在实施"套路贷"过程中多种手段并用，构成诈骗、敲诈勒索、非法拘禁、虚假诉讼、寻衅滋事、强迫交易、抢劫、绑架等多种犯罪的，应当根据具体案件事实，区分不同情况，依照刑法及有关司法解释的规定数罪并罚或者择一重处。

5.多人共同实施"套路贷"犯罪，犯罪嫌疑人、被告人在所参与的犯罪中起主要作用的，应当认定为主犯，对其参与或组织、指挥的全部犯罪承担刑事责任；起次要或辅助作用的，应当认定为从犯。

明知他人实施"套路贷"犯罪，具有以下情形之一的，以相关犯罪的共犯论处，但刑法和司法解释等另有规定的除外：

（1）组织发送"贷款"信息、广告，吸引、介绍被害人"借款"的；

（2）提供资金、场所、银行卡、账号、交通工具等帮助的；

（3）出售、提供、帮助获取公民个人信息的；

（4）协助制造走账记录等虚假给付事实的；

（5）协助办理公证的；

（6）协助以虚假事实提起诉讼或者仲裁的；

（7）协助套现、取现、办理动产或不动产过户等，转移犯罪所得及其产生的收益的；

（8）其他符合共同犯罪规定的情形。

上述规定中的"明知他人实施'套路贷'犯罪"，应当结合行为人的认知能力、既往经历、行为次数和手段、与同案人、被害人的关系、获利情况、是否曾因"套路贷"受过处罚、是否故意规避查处等主客观因素综合分析认定。

6.在认定"套路贷"犯罪数额时，应当与民间借贷相区别，从整体上予以否定性评价，"虚高债务"和以"利息""保证金""中介费""服务费""违约金"等名目被犯罪嫌疑人、被告人非法占有的财物，均应计入犯罪数额。

犯罪嫌疑人、被告人实际给付被害人的本金数额，不计入犯罪数额。

已经着手实施"套路贷"，但因意志以外原因未得逞的，可以根据相关罪名所涉及的刑法、司法解释规定，按照已着手非法占有的财物数额认定犯罪未遂。既有既遂，又有未遂，犯罪既遂部分与未遂部分分别对应不同法定刑幅度的，应当先决定对未遂部分是否减轻处罚，确定未遂部分对应的法定刑幅度，再与既遂部分对应的法定刑幅度进行比较，选择处罚较重的法定刑幅度，并酌情从重处罚；二者在同一量刑幅度的，以犯罪既遂酌情从重处罚。

8. 吕某父子故意伤害致人死亡案 [①]

苏 琬

辩护切入点

> 梳理起诉意见书、被告人供述、证人证言，排除矛盾的言词证据，还原案件事实；
>
> 剥离吕某与其父吕大故意伤害致人死亡的行为。

【案情简介】

一、被告人陈述的情况

被告人吕某在侦查阶段因涉嫌故意伤害被采取强制措施后，其家属即来律师事务所委托律师，律师即行前往会见。对于当日事实，吕某是这样陈述的。

案发当天，吕某牵着自己的狗下楼去买烧烤，撞见唐某、唐某某（唐某之子）和陈某在一起吃烧烤，且三人都饮了酒。吕某在等待烧烤制作的过程中，狗一直在烧烤摊的桌下钻来钻去找东西吃，被害人唐某的桌下自然也未幸免。唐某觉得狗跑来跑去令其心情烦躁，对着吕某骂了几句脏话，于是吕某问他："你为何骂人？"唐某觉得吕某是在向其挑衅，更加生气，站起来

[①] 本案辩护律师为苏琬，提供法律服务期间为侦查阶段、审查起诉阶段和一审。

朝吕某面部打了一拳。吕某因见对方人多，所以不想动手，但吕某有点气不过，想找自己的父亲吕大来帮自己讨回一些说法，于是他躲起来给吕大打电话，但是电话没有接通；他又给自己的叔叔吕二打电话，电话打通了，但因为唐某等三人不依不饶继续追打他，所以吕二说什么吕某没听清，电话就被迫挂断了。

这时候，吕大刚好打完麻将从边上的棋牌室出来，坐着朋友的电瓶车路过此处。吕大发现吕某和别人产生了纠纷，于是过来问是怎么回事。吕某跟父亲吕大说了事情的经过，吕大认出了唐某是他们这里的城管，而吕大是摆早餐摊的，所以吕大并不想去招惹唐某，再加上吕某一直说："不要惹事，等一下报警。"且吕某也没受到严重伤害。于是，两人决定回家，便没有再争论，转头往小区走去。

两个人刚走出不远，唐某一伙不知为何再次追了上来，将吕某从其父身边拉开，并将其围在三人中继续殴打。其父吕大见状，回到烧烤摊拿起了一把折叠凳，向唐某胡乱拍去，唐某应声倒地，吕某也拿了个凳子跟另外两个人互相殴打，另外两个人发现唐某倒地后，上前查看唐某的情况，不再纠缠吕某，此时吕某和吕大得以离开现场。

吕某认为，这件事情不是他引起的，虽然最后被围攻时他也有攻击的动作，但是最终导致唐某死亡的结果是其父持折叠椅攻击的行为所致，吕某觉得自己不构成故意伤害罪，因为他并没有伤害他人的故意。

由于辩护人还未看到案卷材料，在第一次会见时吕某自己对于一些细节的回忆也很模糊，故辩护人只能大致帮他分析一下案件的各种走向：

（1）最坏的结果是认定吕某与其父构成故意伤害罪的共犯，在这种情况下，两个人都应对故意伤害致唐某死亡的结果承担法律责任；

（2）如果能够将吕某与其父的行为部分剥离开来，即对于斗殴部分双方构成共同犯罪（如聚众斗殴罪或寻衅滋事罪）；对于造成唐某死亡的结果由于超出共同犯罪的故意，由其父独自承担相应的刑事责任［如故意伤害罪（致人死亡）］，而吕某不对此负刑事责任；

（3）最理想的情况是，吕某的殴打行为系因被唐某等三人追打而被迫实施，属于防卫行为且未超过必要限度，是正当防卫，不构成犯罪；其父的行为系因吕某挨打，其为救出自己儿子而实施，系防卫行为，但因超过必要限度而属于防卫过当，构成故意伤害罪（致人死亡），但应减轻处罚。

二、侦查终结后起诉意见书所指控的犯罪事实

2017年8月25日23时30分许，犯罪嫌疑人吕某至某区某某路某小区北门口烧烤摊位处，因遛狗与被害人唐某发生口角。被害人唐某、唐某某、陈某等人酒后反复滋扰犯罪嫌疑人吕某，犯罪嫌疑人吕某一时气愤遂纠集犯罪嫌疑人吕大上前评理继而互殴，期间犯罪嫌疑人吕大随手抄起边上的凳子朝被害人唐某头部砸去，致使被害人唐某脑部颅内出血，后经抢救无效死亡。

【办理过程】

一、律师对证据的审查

由于起诉意见书认定的事实及罪名是"犯罪嫌疑人吕某、吕大持械故意非法损害他人身体健康，并致一人死亡。其行为已经触犯了《刑法》第二百三十四条第二款之规定，涉嫌故意伤害罪，依照《刑事诉讼法》第一百六十条之规定，拟对本案侦查终结，移送审查起诉"。这符合辩护人在会见吕某时料想的最坏情况，也即其与其父构成故意伤害致人死亡的共犯。但是辩护人注意到，起诉意见书所指控的事实和吕某所陈述的事实存在着很多矛盾之处。因此，辩护人首先要做的是还原事实，其次是从法律角度将吕某的行为与其父吕大的行为进行剥离。

（一）如何还原事实

本案就像一场罗生门，每个当事人都会从有利于自己的角度去陈述案件经过，每个人都在正义化自己的行为，放大对方的过错，唯一中立的一方可

能是烧烤摊主。为了厘清案件事实，我们将起诉意见书指控的每一个行为所对应的被告人供述、证人证言一一罗列梳理，这样既可以排除掉矛盾的言词证据，还原案件事实；又可以通过直观的对比，让公诉机关了解到案件真相。

（1）起诉意见书指控：唐某等人酒后反复滋扰吕某。

吕某供述："我准备走了，有一个男子站起来骂我，骂得很难听，我就问你为什么骂我，他站起来就一拳打在我脸上，我就走开了，躲在车后给爸爸打电话，电话没通，那男子又过来用拳头打我，被边上的人拉开了。他又踢了我两脚，我脸上腿上都被打到了。我还是没有还手。走到超市门口，那一桌三名男子一起上来打我，我用手格挡，最开始打我的男子摔倒了，另外两名男子上来对我拳打脚踢。"

吕大供述：无。

唐某某陈述："看到我爸（唐某）和带狗男子（吕某）吵了起来，互相推搡了几下，我上去拉架，把我爸（唐某）抱起来拉到后面了……对方来了三四名男子突然打我爸。"

陈某陈述："看到唐某和带狗男子（吕某）争吵起来了，唐某打了吕某一耳光，双方推搡，我和唐某某冲过去推吕某，推搡中唐某喝酒且动气了，自己先摔倒一次，被吕某推倒一次，站起来后唐某用拳头打吕某胸口，我和唐某某按着吕某，不让他动，拉偏架，好让唐某打吕某。狗一直在咬唐某和唐某某腿部。"

烧烤摊主陈述：客观描述打架过程。（略）

根据上述笔录可得知这样几点信息：①唐某主动闹事，其子唐某某、朋友陈某非但未劝，反而一起帮忙闹事；②唐某并非仅仅反复滋扰，而是拳脚相向，多次殴打吕某；③现场并非唐某和吕某一对一互打，而是唐某等三人殴打吕某一人；④烧烤摊主认为吕某是"小孩"系因吕某身形单薄矮小，而根据图片可得知唐某、唐某某及陈某都属于身材壮硕的类型，体力上占有优势。

由此也可以得出，起诉意见书所指控的内容与事实不完全相符，当时不仅是滋扰，事实上唐某确实动手打人了。

（2）起诉意见书指控：吕某一时气愤，纠集其父，上前评理。

吕某供述："我给爸爸（吕大）打电话没打通，给二叔打电话，通了，我说我被人打了，还没听到我二叔说什么，那帮人又上来准备打我，我就把电话挂了。这时我看到我爸爸过来了，我跟爸爸说，我被人家打了，我让我爸不要打，我说等一下报警。然后我和爸爸就往回家的方向走（有视频为证）。"

吕大供述："我儿子（吕某）不让我过去找他们算账，还说没事，等会儿报警。我听后就讲咱们先回去吧，就朝小区门口走。"

唐某某陈述："小区里面出来三四名男子，一过来就站在我们后面，看我爸（唐某）和对方吵，我挡在我爸面前劝对方。对方还对三四名男子说：'别光动手，看看再说'。"

陈某陈述："吕某到一边打电话去了，唐某和吕某说要报警，吕某也没说话，大约过了五六分钟，有三四个人合骑两辆电动车来了。"

烧烤摊主陈述："吕某边打电话边往超市走，没听到他电话说什么，他快走到超市的时候唐某又冲上去打，唐某某和陈某也冲过去了，有没有打我没看到。过了一会儿，我看到摊位旁边站了一个中年男子，没看到他怎么来的，那个被打的孩子叫这个人爸爸，对他说自己被打了。他父亲问怎么回事，他用老家话说的，我没留意去忙了，后来他爸对他说回家，其他也没说什么，然后他们就往超市方向走了（也是回家的方向）。"

根据上述笔录可得知这样几点信息：①吕大并非吕某"纠集"而来，而是因巧合刚好路过现场；②吕大和吕某不存在"上前评理"一说，现场调取到的视频可以看到吕大和吕某有离开现场往小区门口走的行为，吕大、吕某和烧烤摊主的笔录中也都证实了两个人往回家的方向走。既然是往家的方向走去，上前评理一说则不攻自破。

（3）起诉意见书指控：双方继而互殴，吕大随手抄起边上的凳子朝被害人唐某头部砸去。

吕某供述："三个男子又上来，把我围在中间拳打脚踢，这时候我就还手了，开始的时候是拳头还击，后来用烧烤凳还击，后打成一团，对方有一人倒地，我用凳子砸了三人中较胖的年轻男子两下。"

吕大供述："发现儿子吕某又被一群人围着，拳打脚踢。我冲上去朝其中一名男子身上抢拳打了两下，之后有两三名男子冲过来追我，想打我。我就跑到卖烧烤的地方，拾起一个凳子，朝两三名男子打过去。他们打我儿子，我心里难过。用凳子是因为对方追着我打，我只能挥舞凳子逼开人群，把我儿子救出来。"

唐某某陈述："我在和那名男子（吕某）说话时，背后吵起来，看到三四名男子对我爸拳打脚踢，我和朋友陈某上去拉，但是拉不开，狗也在到处咬人，我就往小区里跑了。回头看到两名男子拿起烧烤摊的铁凳子，往我爸身上砸，我回去准备看我爸，吕某拿着铁凳子过来砸我，砸到我的右手臂上。我和我朋友各喝了一瓶啤酒，我爸昨天碰到我们的时候喝过两杯红酒，比较清醒。"

陈某陈述："有一名黑衣瘦高男子拿着烧烤摊凳子砸了唐某后脑几下，吕某让狗咬人，并且拿凳子打我后脑两下，我被打倒，吕某踩我的头，我拉住他衣领锤他胸部，等我起来看到唐某倒在地上，头上全是血，唐某某在小区门口打电话，吕某去追打他，打到肩膀一下。"

烧烤摊主陈述："他们走到超市门口路中间时，唐某又追上去，唐某某和朋友陈某也冲过去，追上去一起动手打吕某，吕大看到后回到我摊位这里拿了个折凳冲回去帮儿子打对方。"

根据上述笔录可得知这样几点信息：

①所谓的继而互殴，是因为吕某反复被对方追打后，不得已进行还击；其父吕大也是看到吕某一直被对方打，所以才进行还击；②吕某、吕大和烧烤摊主的笔录再次吻合，陈某的笔录虽有偏袒（对于打架的起因避而不谈），但是人数、案件的发展基本和吕某所说一致，唐某某的笔录则和其他人差异较大，与事实不符，同时唐某某的笔录也交代了当日他自己、唐某和陈某都

是饮过酒。

（二）如何将吕某的行为与其父吕大致唐某死亡的行为剥离

根据刑法，共同犯罪的成立条件为：①犯罪主体必须二人以上；②必须具有共同故意；③必须具有共同行为。

本案当中，针对唐某死亡这一结果，吕某和吕大显然不具有共同故意：

首先，本案当中唐某的死亡系因吕大的行为直接造成，吕某的行为和唐某的死亡之间不具有直接的因果关系；其次，吕某与吕大两个人事先商议好的是"回家"，并且已经朝家的方向走去，之后之所以会殴打唐某是根据当时的情况自行作出的行为选择，并非事先的意思联络；最后，吕某击打唐某等人是为了防御，而吕大击打唐某等人是为了"救儿子"，两个人是出于不同的目的。

二、审查起诉阶段的律师意见

为了维护当事人权益，辩护人在审查起诉阶段向公诉机关递交了律师意见：

（1）对于被害人唐某、其子唐某某以及其子同学陈某对吕某持续性的围追殴打的事实仅仅认定为"反复滋扰"明显过于轻微。从警方调查的证据可以看出，唐某、唐某某及陈某身形壮硕，而吕某相较之下身材瘦小，此时虽然该三人没有持械，但吕某被三人围殴的紧迫性是现实存在的。

（2）起诉意见书指控吕某"纠集其父，上前评理"与事实不符。根据警方调查，吕某的行为一直很克制，他虽然曾想联系父亲，但也只是希望父亲和对方讲道理，并且调取吕某当日的通话记录后发现他当日给吕大的电话并未接通，所以根本不存在"纠集其父"一说，其父只是碰巧路过而已；另外，吕大听说儿子被打也没有上前找被害人等人评理，并且吕某一再和其父强调"不要和他们打"，最终吕某父子二人决定回家，相关证据也显示二人已经往家走去，所以不存在"上前评理"的事实。

（3）起诉意见书指控吕某父子上前评理，双方"继而互殴"亦并非本案事实。前文已经说到吕某父子根本没有上前评理的举动，而是决定回家，反而是唐某等三人不依不饶，再度尾追、殴打吕某，吕某在被三人围困之时，为了自保和陈某扭打在一起，目的是逃出围殴圈，摆脱唐某等三人对其持续不断的不法侵害。吕某摆脱唐某等三人的纠缠后立刻停手，没有继续与被害人等扭打，也没有实施报复性的殴打行为，不存在互殴的事实。

综上，辩护人认为：首先，吕某的行为并非聚众斗殴致人伤害、死亡，因为本案当中不存在互殴情节，仅为吕某被围殴；其次，吕某和吕大并非共同犯罪，因针对唐某死亡这一结果，其二人并无相同的犯罪故意，也没有意思联络，所以对被害人唐某死亡这一事实，吕某不应承担法律责任；最后，根据目前事实与证据，吕某没有伤害被害人唐某的故意，只是由于唐某等三人对吕某实施不法侵害，吕某被迫防卫，防卫行为也仅限于与被害人陈某扭打在一起，没有超过必要限度。

所以辩护人认为，吕某的行为不构成犯罪。

三、一波三折的事实认定

律师意见提交后不久，吕某就被检察院取保候审了。听到这个消息，作为辩护人，我是非常欣喜的。

随后吕大的案子和吕某的案子被分开起诉，吕大因防卫过当构成故意伤害被起诉到法院。此时辩护人对案件的走向分析是比较乐观的，认为如果吕大的防卫过当可以认定，那么吕某的正当防卫也大概率可以被认定。

令辩护人意外的是，在先行判决的吕大案中，法院认定了如下事实：

2017年8月25日23时40分许，吕大之子吕某在某区某某路某小区北门口遛狗时，因宠物狗未牵绳而滋扰了正在此处烧烤摊位聊天纳凉的被害人唐某，双方发生口角后引发肢体冲突。其间，被害人唐某与同在此处就餐的唐某某、陈某等人共同殴打了吕某，数分钟后吕大骑电动车至现场，得知吕某遭人殴打后，停好电动车并留在现场观察双方情况。23时45分许，当吕某与被害人唐某等人主动发生正面冲突且互殴时，吕大立即从旁边冲入人群与被害人唐某等人互殴。在此过程中，被告人吕大又跑至烧烤摊位，拿起一把铁制圆凳返回互殴人群，从背后对正在赤手空拳围殴吕某的被害人唐某头部猛砸，致被害人唐某当即受伤倒地不起，随即又持凳将对方其他人员打散，然后骑电动车驶离现场。案发后，被害人唐某经他人送医抢救无效，于9月3日死亡。

法院认为，关于被告人吕大的行为是否属于防卫过当，根据庭审查证的事实，案发现场调取的监控录像，被害人唐某某、陈某、证人烧烤摊主的证言可以确认。首先，案发当时被害人唐某因琐事与吕某产生矛盾后，先动手殴打吕某，由此引发双方轻微肢体冲突，但被旁人及时劝阻，矛盾暂时平息，不具备引发防卫行为的起因条件。其次，被告人吕大到达现场得知其子吕某遭人殴打后，并未及时与吕某一同离开现场，而是在现场停留观察，并在随即双方发生的正面冲突中立即参与，逞凶斗狠。在互殴过程中，被告人吕大就近执取现场烧烤摊位的铁制折叠凳，持凳从被害人唐某背后猛击其头部致使唐某当场倒地不起，在此后的互相斗殴中占据明显优势地位时，仍不罢手，又与吕某一同追打对方其他同样赤手空拳的被害人唐某某、陈某等人。最终法院认定吕大犯故意伤害罪，判处吕大有期徒刑11年，剥夺政治权利1年，且应赔偿附带民事诉讼原告人唐某家属共计11万余元。

吕大案的判决将辩护人的预期打回了原点，并且由于吕大的案件并非本辩护人代理，吕大的家属又觉得刑期可以接受，最终也没有上诉，使得该判决成为生效判决，这使得接下来吕某的命运，因其父吕大的判决笼罩上了不利的阴影。

四、起诉书指控的犯罪事实

吕某案最终被起诉到法院，起诉书指控了如下事实：

2017年8月25日23时40分许，被告人吕某在某区某某路某小区北门口遛狗时，因宠物狗未牵绳而滋扰了正在此处烧烤摊位聊天纳凉的被害人唐某，双方发生口角后引发肢体冲突。其间，被害人唐某与同在此处就餐的唐某某、陈某等人共同殴打了吕某。23 时 45 分许，当被告人吕某与被害人唐某等人主动发生正面冲突且互殴时，已停留在现场观察的吕大（已判决）立即从旁边冲入人群与被害人唐某等人互殴，后吕大又跑至烧烤摊位，拿起一把铁质圆凳返回互殴人群，从背后猛砸正在赤手空拳围殴被告人吕某的被害人唐某，致被害人唐某头部受伤，当即倒地不起，而被告人吕某对已倒地的被害人陈某拳打脚踢逾 50 秒，吕大则与上前争夺圆凳的被害人唐某某等人纠缠，并持凳追打被害人唐某某，后又将圆凳砸向刚起身的被害人陈某。嗣后，被害人唐某某、陈某不敌逃散，被告人吕某、吕大骑电动车驶离现场。案发后，被害人唐某经他人送医抢救无效，于同年 9 月 3 日死亡。

本案起诉书中指控的犯罪事实和吕大一案判决书中认定的事实基本一致，认定了共同犯罪，但是指控的罪名发生了变更——公诉机关认为，被告人吕某因琐事与被害人发生口角，遭到殴打后借题发挥，伙同吕大持械与对方互殴，致被害人唐某死亡，被害人唐某某、陈某轻微伤，情节恶劣，其行为已触犯《刑法》第二百九十三条第一款第一项，犯罪事实清楚、证据确实充分，应当以寻衅滋事罪追究其刑事责任，且适用《刑法》第二十五条，系共同犯罪。

五、庭审概况

本案当中，被害人的家属还提起了附带民事诉讼，认为吕大与吕某系共同致害人，吕某应对吕大的赔偿承担连带赔偿责任，并且被害人委托的律师认为既然认定为共同犯罪，则应判吕某故意伤害罪。

法官和律师的提问也主要集中在以下几个点：①吕大是否系吕某"纠集"而来；②吕大与吕某是否决定离开现场，又为何没有离开；③铁质凳子是否由吕大或吕某带来现场，吕大和吕某以铁质凳子攻击唐某等人的时候，是否专门敲击唐某头部，唐某倒地后吕大和吕某是否继续攻击。

同时法官还询问了吕某和吕大是否有对唐某家属作出赔偿或补偿。由于吕某家中主要经济来源是父亲吕大的早餐摊，其父去服刑，吕某家中没有了经济来源，经济情况非常糟糕，没有余钱可以赔偿唐某。庭审中吕某也如实说没有赔偿过。

庭后，法官多次询问吕某是否愿意赔偿或补偿被害人家属，吕某均表示不愿意且无余力赔偿。

六、一审阶段律师的辩护意见

开庭时，辩护人向法庭提交了辩护意见。

（1）本案发生的原因系被害人唐某醉酒后故意滋事，而其子唐某某、其子之友陈某等人，明知唐某喝醉闹事，不但没有及时制止唐某的不当行为，反而也加入随意殴打吕某的行为中，危害社会治安管理秩序，致使吕某受到了轻微伤，存在明显过错。若当日三人第一次殴打吕某并且占据优势后及时收手，也不会发生后续之事，所以三人对于本案的发生都负有责任。也就是说，对于唐某死亡这一结果，吕大虽然是直接行为人，但唐某某和陈某却是背后推手。本案虽并未追究他们的责任，但是这样的人如若不进行反思，社会秩序将难以保障。

（2）吕某的行为举止有违法之处，但也确实出于无奈。2018年的"8·27昆山持刀砍人案"在网络上引起了广泛的讨论，虽与本案不尽相同，但是也有相似之处，都是死者醉酒后率先故意挑起事端并殴打他人，被殴打者为了保护自己而进行反击，最终，原本的被害人成为加害人，原本的加害人受伤死亡。本案当中的被害人唐某等人虽然没有持刀，但是其以多欺少、以大欺小，对吕某三番五次不依不饶地殴打，是致使本案发生的重要原因。而作为被殴打人的吕某，是在被反复殴打后才还手，其目的是保护自己，阻止唐某等人继续对其殴打。如若吕某不还手，被害人三人也不会停手。虽然法院可能认为被害人唐某等三人反复持续的殴打并不足以对吕某的生命造成紧迫的威胁，但是毕竟是三个人围殴一个人，这三个人都身材壮硕魁梧，吕某无论如何都无法占据上风，只能被迫一直挨揍。且本案当中被害人存在"反复殴打"这一重要情节，吕某无法预料到被害人何时会住手，所以只能还手，让被害人失去继续对其实施伤害行为的能力。

（3）吕大一案的事实认定存在错误。吕某不存在与被害人"主动发生正面冲突"这一情况，根据视频证据、犯罪嫌疑人供述和证人证言，吕某之所以在被打了一顿之后还回头，是要回去拿"烤好的烧烤"，如果法院认为这样正常的举动属于"主动发生正面冲突"，那本案中对吕某的要求明显过高——吕某本来是出来买烧烤的，挨了一顿打之后不仅得一声不吭不惹事，同时还得立刻放弃自己所有要做的事情回家乖乖待着，否则就是他的错，这显然在逻辑上说不通。

（4）虽然本案有持械斗殴情节，但是所谓的"持械"拿的不过是烧烤摊的凳子，不是吕某和吕大专门带来与被害人等搏斗用的，所持器械的伤害力也很有限，只是因为自己的力量无法与被害人三人抗衡而从手边随意抄起了一个能够保护自己的东西而已。虽然最后意外造成了被害人唐某的死亡，但是这个结果是他们在拿凳子时既无法预料也不愿意看到的。

（5）对于吕某和吕大是否共同犯罪，对吕大的刑事附带民事赔偿吕某是否需要承担连带责任，辩护人认为：

①根据本案证据，吕某系遭到被害人唐某、唐某某、陈某三人反复、持续地追打后，不得已才进行还击。吕某的还击与其父吕大为帮助吕某而殴打被害人系出于不同情况、不同目的，二人无事先通谋，也无共同犯意，不应当认定为共同犯罪。

②本案的事实过程是吕某先遭到殴打，见到其父后两人商量往家走，后被害人唐某等人又追上吕某继续殴打，其父见到儿子被围殴后，为救儿子参与其中。这样一个过程可以得出这样两个结论。第一，吕某的伤人行为是被动的。吕某一个人在被三个喝醉酒的被害人持续殴打的情况下，还手自保是本能而正常的反应。第二，其父吕大对被害人的殴打是主动的，是为了保护儿子不受伤害，虽然最后造成的结果过于严重，但是二人明显是出于不同的目的。

③吕某和吕大事前虽然有过商议，但是商量的结果是"不要打，等一下

报警"（吕某供述），继而往家走去（吕某、吕大供述及证人烧烤摊主证言）。这表示其二人在后续的斗殴行为发生时并非事先通谋，而是情势变化后，二人根据现场发生的情况自行作出的行为，所以不应认定为共同犯罪。

④被害人唐某死亡的结果，系由吕大一人造成，该结果并非吕某所追求，也非吕某应当预料，完全与吕某无关，吕某对该结果不应承担责任，对附带民事赔偿不应承担连带责任。

【判决结果】

一、本案被害人一方实施不法侵害在先

根据本案现场监控录像、在场人员的证言，包括被害人一方的陈述均能证实，案发当晚，被告人吕某在案发烧烤摊附近遛狗并购买烧烤时，因未牵狗绳招致在此饮酒就餐的被害人唐某等人不满，唐某率先打吕某耳光，后又同唐某某、陈某等人先后多次主动挑衅，对吕某实施推搡、围殴。其中，被害人陈某亦证实其"与唐某某按住该男子以便让唐某继续打对方"。

二、关于被告人吕某的主观故意

纵观本案中双方发生的四次肢体冲突，前三次冲突的发生，均系由被害人唐某主动挑衅，而被告人吕某一方仅一人，明显处于弱势及被动挨打状态；在被告人吕某父亲到达现场后，双方发生最后一次冲突，该次冲突也系唐某等人率先冲上前对欲离开的吕某实施围殴，待吕大持铁凳将唐某、陈某砸倒在地后，吕某与倒地的陈某一对一进行扭打，吕大在旁与唐某某及另一名男子互殴。根据与双方均无利害关系的证人杨某波的证言，结合现场监控录像及被告人吕某及同案人吕大的供述可以印证，在吕大到达现场后，被告人吕某与吕大并无详细交流，吕某仅告知吕大其被人打了；在吕大持铁凳打砸唐某等人时，吕某正被唐某四人围殴并不知情，在唐某瞬间被吕大打倒在地后，吕某仍被陈某等人压在地上进行殴打。由此可见，对于吕大实施的故意伤害（致人死亡）行为，吕某与吕大既未事先商谋，亦未及形成临时的犯

意联络；而被告人吕某在遭到被害人一方多次围殴的情况下所采取的有限反击行为，具有防卫性质，不具备寻衅滋事罪所要求的借故生非、无端滋事、逞强斗狠的主观故意。

三、本案所造成的后果及因果关系

基于双方的上述行为，本案共造成 1 人死亡、4 人轻微伤的伤害后果，其中唐某的死亡后果及唐某某的轻微伤后果系由吕大的行为直接造成；陈某的轻微伤后果系由吕大、吕某的共同行为造成；吕某、吕大的轻微伤后果系由被害人一方造成。

首先，共同犯罪要求必须具备主观上的共同犯罪故意及客观上的共同犯罪行为，即各行为人之间存在关于实施特定犯罪行为的犯意联络，并在此基础上共同配合实施相应的犯罪行为，由此造成的危害后果，由各行为人共同承担责任。但如果各行为人之间欠缺相互协同实施特定犯罪行为的意思沟通，则不构成共同犯罪，各行为人只对本人所实施的行为承担责任。本案中，吕大持铁凳殴打被害人的行为，系在看到儿子吕某遭到多人围殴的情况下而临时起意所实施，因此，被告人吕某与其父亲吕大之间事先无纠集、商谋，事中无犯意联络，不存在共同犯罪故意所必需的意思沟通。故公诉机关关于被告人吕某与吕大构成共同犯罪的指控，与庭审查明的事实、证据及法律规定不符，本院不予支持。

其次，被告人的行为是否构成犯罪或构成何罪，必须严格遵守罪刑法定原则，依据法律规定的犯罪构成要件，结合案件事实、证据综合予以认定。本案中，被害人一方借故生事、实施不法侵害在先，被告人吕某实施反击行为在后，其主观上不具备无端滋事、逞强斗狠的故意，客观上仅造成一人轻微伤的伤害后果，不符合寻衅滋事罪的构成要件。公诉机关关于被告人吕某犯寻衅滋事罪的指控不成立，依法应当宣告无罪。

最后，关于附带民事诉讼原告人要求被告人吕某与同案人吕大承担连带赔偿责任的诉讼请求，本院认为，共同侵权行为要求二人以上基于共同的过错而共同实施的侵害他人权益的行为，由此造成的损害后果，由共同侵权人承担连带赔偿责任。如行为人之间无共同过错及共同的加害行为，则应对各自行为所造成的后果分别承担相应赔偿责任。本案中，唐某的死亡后果及唐某某的轻微伤后果均系由吕大的行为直接造成，被告人吕某与其父亲吕大之间既无共同的意思联络，亦未共同实施对唐某、唐某某的殴打行为，故被告人吕某对于吕大的行为所造成的后果不应承担连带赔偿责任。对于附带民事诉讼原告人的诉讼请求，法院不予支持。

综上，依照《刑事诉讼法》第二百条第二项、《最高人民法院关于适用〈中华人民共和国刑事诉讼法〉的解释》第一百六十条第一款及《中华人民共和国侵权责任法》第八条之规定，法院判决被告人吕某无罪，驳回附带民事诉讼原告的诉讼请求。

【律师心得】

一、如何审查卷宗材料

刑事律师审查卷宗材料的方法很多，应对不同的案件，应当制定不同的卷宗审查方法。当律师可以阅看卷宗时，案件已经进入审查起诉阶段，这时候公安机关所认定的事实已经初步形成，即"起诉意见书"。因此在后续的阅卷当中，辩护人可以针对起诉意见书的内容，确定阅卷的重点，制订相应的阅卷计划。

在很多刑事案件里，当事人为了减轻自己的罪责，在交代案件事实时会避重就轻，甚至有些当事人会在公诉机关讯问的时候捏造事实，导致整个案件看起来就像是罗生门，本案亦如此。由于案件的被告人、证人、被害人的陈述存在巨大差异，"事实"扑朔迷离，辩护人在阅卷时从证据材料中尽量还原案发当时的事实，就显得尤为重要。我们制定的策略就是根据起诉意见书指控的内容，一字一句去寻找相应的证据支撑，如果没有证据支撑，则这种指控就缺少基石、无法立足。阅卷也不是一蹴而就的工作，要多次阅看，并

且还应制作阅卷笔录，尤其是重大复杂的案件，阅卷笔录尤为重要，毕竟好记性不如烂笔头。

无论是公诉人、律师还是法官，都是接受过系统训练的具有法律思维的人，所以根据同样的卷宗材料，经过逻辑加工后，还原出的事实应当是基本一致的。而本案当中，（审查起诉阶段）将吕大和吕某分案处理后，还原出的事实就存在一定差距，这可能跟不同的办案人员的主观认识有关。

本案第二次阅卷时，辩护人带着首次阅卷时发现的矛盾与问题，再次回归到卷宗中，寻找证据材料并一一比对，最终整理出一份阅卷笔录，并基于这份阅卷笔录发表了审查起诉阶段的律师意见。

本案第三次阅卷时，案件进展发生了重大变化。吕大先被判，且认定事实对吕某极为不利。由于已经有一份生效的法律文书对本案的事实进行认定，律师再就案件事实发表辩护意见就显得非常吃力；在这种情况下，辩护人需要寻找案件中的"法律契机"，这种契机需要结合辩护人的专业知识、执业经验去挖掘。回到本案，辩护人便试图从被害人有过错、吕大和吕某非共同犯罪以及吕某与唐某死亡之间没有因果关系这几个辩护要点中寻找突破口，在不予认定事实冲突的情况下，尽可能地维护当事人利益。

二、"罗生门"案件的办案体会

"真相只有一个"，但是这个真相往往是扑朔迷离、难以还原的。办理刑事案件时，辩护人不能固化立场，仅从辩护人或者自己方当事人的角度去思考。试着换一个角度，或许会豁然开朗。

本案当中，由于被告人、被害人、证人之间的说法存在差异，并且证人并非亲历全过程，所以在介入的时候，辩护人一直在思考的问题是如果被害人的笔录是真的，那么事实与刑事归责又当如何？

回看唐某某及陈某笔录，关于案件起因是这么说的："看到我爸（唐某）和带狗男子（吕某）吵了起来，互相推搡了几下，我上去拉架（唐某某笔录）"。"看到唐某和带狗男子（吕某）争吵起来了，唐某打了吕某一耳光，双方推搡，我和唐某某冲过去推吕某（陈某笔录）"。唐某某和陈某的笔录都在努力将责任推给吕某，但即便是这样的笔录，依旧可以看出唐某对吕某实施不法侵害在先。

而唐某的死亡结果和吕某行为之间的因果关系从笔录中也可窥得一二，陈某的笔录是这样的："吕某到一边打电话去了……一名黑衣瘦高男子拿着烧烤摊凳子砸了唐某后脑几下，吕某让狗咬人，并且拿凳子打我后脑两下，我被打倒，吕某踩我的头，我拉住他衣领锤他胸部，等我起来看到唐某倒在地上，头上全是血。"唐某某的笔录是这样说的："我在和那名男子（吕某）说话时，背后吵起来，看到三四名男子对我爸拳打脚踢，我和朋友陈某上去拉开，但是拉不开，狗也在到处咬人，我就往小区里跑了。回头看到两名男子拿起烧烤摊的铁凳子，往我爸身上砸，我回去准备看我爸，吕某拿着铁凳子过来砸我，砸到我的右手臂上。"可见，无论是谁的笔录都可以确认，唐某的死亡并非吕某造成，吕某彼时彼刻正在和唐某某及陈某互相殴打。

这样，无论是从有利于我方的被害人笔录角度来说，还是从中立方的证人笔录角度来说，抑或是从被害人一方完全不利于吕某的笔录角度来说，都可以看出是本案因唐某先对吕某实施不法侵害而发生。另外亦可得出结论，造成唐某死亡的行为并非由吕某实施。退一步而言，如果这样的笔录被认定为对事实的陈述，吕某也绝不应当被认定为故意伤害罪的共犯。

如此看来，虽然此案真相看起来扑朔迷离，但是经过法律逻辑的加工，结果都明确指向一个方向：吕某罪轻或无罪。

三、不放弃希望

本案的侦查、审查起诉及审判可以用一波三折来形容。

由于本案导致了被害人一方一人死亡，被害人的家属情绪一直非常激动。当知道吕某被取保候审后，他们甚至一直到检察院、法院门口举横幅和上访。辩护人在和检察官沟通的时候，检察官也表示压力非常大。

虽然在处理这个案件时感受到极大的压力，但辩护人始终未放弃希望，

并一直在为当事人争取公正判决，尤其是在审查起诉期间争取到了吕某的取保候审，使辩护人受到了莫大的鼓舞，当时甚至一度判断该案会以不起诉而结案。

但是，吕某父亲吕大的判决又让形势急转直下——认定的事实对我方非常不利。之后吕某又多次被检察官约谈，询问赔偿被害人的情况。当时辩护人也和家属商量过是否愿意赔偿一些，但是家属坚定表示不愿意赔偿，甚至都不愿意道歉。作为辩护人，在这种情况下，一方面要跟吕某家属分析说明最坏的情况，毕竟很多案件里非法律的因素会影响判决结果；另一方面仍然要把追求最佳辩护效果放到第一位，与家属沟通进行无罪辩护的可能性。

而后，起诉书的指控比预想的最坏情况要好很多，吕某家属觉得完全能够接受，表示不要强行做无罪辩护。为了兼顾当事人家属的意愿，且不影响辩护人发表自己的观点，辩护人在庭审中并未明确有罪还是无罪，只是把无罪的观点通过分拆开的方式展开，这样既消除了当事人家属的担心，又维护了辩护人的职业和专业。

【法律链接】

《中华人民共和国刑法》

第二十五条 共同犯罪是指二人以上共同故意犯罪。二人以上共同过失犯罪，不以共同犯罪论处；应当负刑事责任的，按照他们所犯的罪分别处罚。

第二百三十四条 故意伤害他人身体的，处三年以下有期徒刑、拘役或者管制。

犯前款罪，致人重伤的，处三年以上十年以下有期徒刑；致人死亡或者以特别残忍手段致人重伤造成严重残疾的，处十年以上有期徒刑、无期徒刑或者死刑。本法另有规定的，依照规定。

第二百九十三条 有下列寻衅滋事行为之一，破坏社会秩序的，处五年以下有期徒刑、拘役或者管制：

（一）随意殴打他人，情节恶劣的；

（二）追逐、拦截、辱骂、恐吓他人，情节恶劣的；

（三）强拿硬要或者任意损毁、占用公私财物，情节严重的；

（四）在公共场所起哄闹事，造成公共场所秩序严重混乱的。

纠集他人多次实施前款行为，严重破坏社会秩序的，处五年以上十年以下有期徒刑，可以并处罚金。

9. 刘某某、谢某某故意杀人案 [1]

汤汉军 [*]

辩护切入点

分析共同犯罪中，当事人的地位和作用；寻求当事人从轻处罚的关键情节。

【案情简介】

2014 年，被告人刘某某、谢某某二人发生不正当男女关系。之后，二名被告人欲长期生活在一起，遂多次共谋杀害谢某某的丈夫王某某。其间，被告人刘某某准备作案工具木棍一根，交给被告人谢某某藏匿于其位于 H 市的家中卧室内。

2016 年 2 月 13 日 22 时许，被告人刘某某驾驶一辆私家车前往被告人谢某某家附近守候。次日（2016 年 2 月 14 日）凌晨，被告人谢某某打电话给被告人刘某某告知其丈夫王某某已熟睡后，刘某某进入谢某某的卧室，接过谢某某递交的事先藏匿的木棍。接着，被告人刘某某持木棍朝正在床上熟睡

---

* 汤汉军，毕业于中南民族大学，获法律硕士学位。现为上海邦信阳中建中汇（武汉）律师事务所合伙人、武汉市律师协会刑事专业委员会副主任、湖北省律师协会维护律师执业合法权益委员会委员、湖北省财政厅 PPP 专家、湖北省发展和改革委员会 PPP 专家。著有《建筑房地产领域刑事法律风险识别与辩点分析》一书。

① 本案辩护律师为汤汉军，提供法律服务期间为侦查阶段至一审判决。

的王某某头部猛击数下，被告人谢某某同时按住王某某防止其反抗。在打斗过程中，王某某被打醒并挣扎至床下，被告人刘某某见状上前用脚猛踢王某某的身体，并用手猛掐王某某颈部致使其窒息死亡。随后，被告人刘某某、谢某某在确定王某某断气后，一起将王某某的尸体拖至客厅门口，伪造王某某摔伤致死的假象。后被告人刘某某离开作案现场，并将被告人谢某某清理的带血床单、被套、鞋子等物丢弃在附近的樟树林，随即驾车离去。经法医鉴定，死者王某某系被他人持棍棒类工具多次打击头部、双手扼颈致严重颅脑损伤合并机械性窒息而死亡。

公诉机关认为，被告人刘某某、谢某某共同预谋持械故意非法剥夺他人生命，致一人死亡，严重侵犯了公民的人身权利，其行为触犯了《刑法》第二百三十二条，犯罪事实清楚，证据确实、充分，均应当以故意杀人罪追究其刑事责任。

【办理过程】

一、辩护人与当事人沟通概况

被告人谢某某与丈夫王某某结婚 27 年，育有两名子女，女儿 24 岁，儿子只有 4 岁。辩护人接受其女儿的委托，多次会见了谢某某。谢某某向辩护人陈述说："我 16 岁嫁给我老公王某某，至今有 27 年了。当年举家从 C 市迁到 W 省 H 市，我老公王某某有个姑妈在 H 市 Q 街，是这个姑妈要我老公来 H 市的。当时 H 市 M 街 R 村有很多荒地无人耕种，我老公王某某就和当地村委会联系，在那里落户种地，老公把 C 市老家的房子卖了，在 R 村买了两间房子，就迁过来了。我们迁过来后，我老公好吃懒做，没有责任心，靠我打工赚钱。刘某某也是从 C 市迁到 H 市 M 街的人，2014 年 4 月左右的时候，刘某某在一次吃完喜酒回来的路上勾引我，要我的电话号码，经常约我，有时候他开车带我出去逛，就这样产生了感情。都是他约的我，我从来没有约过他。2015 年刘某某要和我结婚，他对我说，要把我老公王某某弄死。我说不能，但他提了好多次，我勉强答应了。2015 年 11 月，刘某某给了我一根棍子，很结实，说是要趁我老公王某某睡着的时候，用木棍敲打头部 3 下，可以将人打死，且不流血。在这之前，刘某某还提出给我老公下老鼠药，并买了老鼠药交给我，但我不忍心，也不敢，就没下。刘某某将那根很结实的木棍交给我后，我把木棍藏在卡通箱包里面。2015 年 11 月 ~12 月，刘某某经常催我，我就找各种理由推脱。2016 年春节前，老公王某某的妹妹从老家 C 市来玩，住在我家，我就更好找理由推脱了。老公的妹妹于初四回 C 市去了。妹妹在这里的时候，刘某某经常催我，问我为什么不下手，我没回答。初五的时候，刘某某又打电话催我，我答应了，但又不敢，害怕，他还到我家推过门。到了初六晚上，他又打电话催我下手，我说我不敢，他就要我把他给我的 2 万元钱退给他，这话初五的晚上也说过。我还是说不敢，他说他已经到我家门口来了，我就说那你进来吧。他进来的时候大约是晚上 12 点，我把棍子递给他，他对着我老公王某某的头部猛的一棍子，我当时就后悔了，刘某某手没停，又打了 3 棍子，又用手掐我老公的脖子，对我老公的下身踩了几脚。他要我帮他将我老公拖到客厅墙角，趴在那里，就走了。我看到被子上好多血，打电话问他怎么办，于是他又开车回来，把带血的被子、棉拖鞋、床单、被套、枕头都带走了。"

　　辩护人在听完谢某某的陈述后，感到非常的惋惜，于是就问她："你不想和你老公过了，可以离婚呀，为什么要走杀人这条路呢？"谢某某回答："主意是刘某某出的，刘某某说我老公王某某是个'鼻涕虫'，即使我和老公离婚了，他也不会放过我和刘某某，还不如一不做二不休。再加上我老公经常怀疑我，说一些话，刘某某也住在村子里，知道我老公的为人。"辩护人又问谢某某："刘某某是什么人？"谢某某回答说："他是做工程生意的，也是从我们老家 C 市迁到 W 省 H 市 M 街的，比较会赚钱，人也聪明。"辩护人又问谢某某："你真的相信木棍打击头部 3 下，可以将人打死，且不流血？"谢某某回答说："当时我是信的，以为可以蒙混过关。"辩护人听后，感叹谢某某的法律意识竟然如此淡薄，谢某某的无知、自私害了被害人王某某，也害了谢某某自己和她的两个子女。

经过多次与谢某某的会见沟通，并结合全案证据材料，辩护人确立了做罪轻辩护、保住谢某某性命的辩护方案。同时告知毫无法律意识的谢某某，本案的罪名很严重，她和刘某某已经涉嫌故意杀人的共同犯罪，告诉她要有一个思想准备，辩护人会依法尽全力为她辩护，争取保住性命。

二、辩护人在阅卷过程中发现的问题

透过纷繁复杂的案卷材料，辩护人发现以下关键的问题。

（1）在谁首先提出杀害被害人王某某的问题上，被告人刘某某和被告人谢某某各执一词。

刘某某供述称，2014年我和谢某某发生了男女关系后，谢某某就一直央求我帮其杀死自己的老公王某某，原因是王某某平时爱赌博败光了家里的钱，导致她这么多年没有住大房子。谢某某给我打了很多次电话，要我用木棍将王某某打死。

而谢某某则供述称，刘某某提议要杀死我老公的，棍子是刘某某准备的，1个月前给我由我带回家来的。刘某某半年前就对我说，如果我们两个人想在一起就要除掉我老公王某某。

（2）刘某某对谢某某说，用圆棍子打头不会流血，只用30斤的力量就可以把人打死，别人看不出来，就可以说是王某某有病摔死的。而这种说辞，谢某某竟然信以为真。

（3）卷宗材料显示，2014年年底，刘某某就已经罹患肝癌晚期，时日无多，但当辩护人询问谢某某是否知情时，谢某某表示完全不知情，刘某某只告诉她有普通的囊肿，已经治好。

（4）刘某某供述称，其用木棍击打被害人王某某头部时，谢某某曾经从旁协助，帮助按压王某某。但谢某某予以否认，表示没有按压过，只是被害人死亡后曾帮刘某某拖过尸体。而谢某某的手指甲检出谢某某和被害人王某

某的 DNA 分型，却缺乏现场提取物证的笔录，也没有提取的照片、录像，之后的物证封存、送检也没有封存笔录、送检笔录或相关的录像、照片等，无法证明送检的检材和现场提取的物证是同一个物品。并且，侦查机关没有提出合理解释，也没有作出程序上的补正。

（5）刘某某的妻子向某某陈述称，案发前几日，刘某某曾经与其大吵了一架，之后离家出走，数日没有回家，之后就发生了凶杀案。

三、审前沟通

在案件开庭前，辩护人和法官进行了沟通。辩护人首先对法官这一主持公平正义的职业表示了敬意，并强调了本案的一些关键细节。比如案发前刘某某曾经给谢某某买老鼠药，但被谢某某推脱了；比如刘某某告诉谢某某用圆木棍打被害人的头部可以不流血，系刘某某对谢某某的怂恿和欺骗；再比如刘某某向谢某某隐瞒了其已罹患癌症晚期，时日无多的重要信息，系对谢某某的隐瞒和欺骗，也体现了刘某某的自私；还有刘某某在案发前几日和其妻大吵了一架，两天没有归宿，之后就发生了杀害谢某某丈夫王某某的事件等。

法官表示会认真考虑辩护人的辩护意见，也请辩护人在开庭时充分阐述。

四、庭审控辩

在公诉人讯问阶段，刘某某在回答公诉人为何要杀死被害人王某某时，说是谢某某要他这么做的，并声称他用棍子打的时候谢某某也接过棍子打了。刘某某还提到，他走到今天这个地步是生他老婆的气，他平时工作辛苦，但老婆性格和他不同，一年到头对他没有笑容。针对刘某某前一个对谢某某不利，且与其在侦查阶段的供述不符的当庭供述，辩护人向其连续发问，以还原案件事实。

辩护人对刘某某发问的主要内容：

你在公安机关的供述是否属实？你为什么要杀死被害人王某某？你说谢某某也拿棍子打了的，为什么对公安机关不是这么供述的？你今年多大年龄？谢某某今年多大年龄？你是否患有肝癌？肝癌手术之后情况如何？你认为你患了肝癌晚期你还能和谢某某共同生活多长时间？你患有肝癌这一事实有没有告知谢某某？在谢某某知道你患肝癌晚期的情形下，你认为她是否会同意和你共同生活？你在案发前两天是否和你妻子发生了激烈的争吵？争吵后有没有不回家？

在对刘某某发问后，辩护人又从对谢某某有利的角度对谢某某进行了发问。

辩护人对谢某某发问的主要内容：

你和刘某某认识是谁主动？刘某某给过你钱没有？……你是否知道刘某某罹患肝癌晚期？如果你知道了，是否同意刘某某杀死你老公？木棍是你自己准备的吗？……他把老鼠药给你是要你做什么？他是什么时候给你老鼠药让你毒死老公的？你最后有没有下手？你和刘某某是谁提出要杀死你老公的？……

通过以上对刘某某和谢某某的发问，基本上还原了事实真相，也让法庭对共同犯罪中两人的地位和作用有了一个基本判断。

在举证质证环节，辩护人针对公诉人的指控证据，就其真实性、合法性、关联性做了充分的质证，并就单个证据的证明能力和证明体系的确实性、充分性、逻辑性提出了自己的意见。通过这些具体的质证，再结合之前的发问，还原了案件事实，揭示了在共同犯罪中刘某某的主观恶性、地位和作用都要高于谢某某。

在法庭辩论环节，辩护人发表了辩护意见。以下是辩护意见的主要内容：

（1）杀害被害人王某某是刘某某提议、策划和具体实施的，谢某某在共同犯罪中起配合和帮助的作用，居于次要的地位。

①刘某某主动勾引谢某某。谢某某供述说，2014 年 4 月在一次吃酒后的路上，刘某某与她搭话，并留下她的电话号码，之后约她并发生了性关系。

②刘某某提议杀死被害人王某某，并准备好杀人的木棍。2015 年 4 月刘某某第一次提出要和谢某某共同生活，谢某某没有答应。2015 年 5 月，刘某

某第二次提出要和谢某某共同生活，并第一次提出要把谢某某的老公王某某弄死，谢某某当时没有答应。2015年7月，刘某某给谢某某买了老鼠药，要谢某某下药，谢某某百般推脱，没有答应。2015年8月，刘某某对谢某某说，可以用木棍打脑袋，把人打死不流血。2015年11月，刘某某在河堤上砍了一根桑树棍交给谢某某。

③刘某某曾在王某某村里的路边拦绳子，想把被害人王某某绊倒再杀死。在刘某某和谢某某发生性关系后，2015年3月左右，刘某某就在该村里的王某某回家必经的路边拦绳子，想把王某某绊倒后杀死。此一行为当时刘某某没有告诉谢某某，事后几个月后才告诉谢某某。

④刘某某不仅是杀死被害人王某某的提议者、催促者，还是故意杀人的主要实行犯。2016年2月14日凌晨，刘某某先后两次窜到谢某某、王某某家里寻找动手的机会，一次是晚上10点多钟，一次是凌晨1点左右。第二次刘某某直接动了手，用最大的力气持木棍不间断地向王某某的头部猛击四下，在王某某滚到地上之后，刘某某又持木棍用最大的力气猛击王某某的头部两下，用脚朝王某某的裆部踢了两脚，并用手掐王某某的脖子（详见刘某某的讯问笔录），导致王某某严重颅脑损伤合并机械性窒息而死亡。

以上种种事实，证明杀害被害人王某某是刘某某提议、策划和具体实施的，刘某某是主要的实行犯，谢某某在共同犯罪中只是起配合和帮助的作用，居于次要的地位。

（2）公诉方指控谢某某在刘某某杀害王某某的时候帮忙按压过王某某，这一情节证据不足。

W市公安司法鉴定中心物证鉴定书显示谢某某的右手指甲和左手指甲均检出王某某的DNA分型，但卷宗材料里并没有现场提取物证的笔录，也没有提取的照片、录像，之后的环节比如物证的封存、送检也没有封存笔录、送检笔录，也没有封存的照片、录像，送检的照片、录像。因此，没有任何证据证明送检的检材和现场提取的物证是同一个东西，即不能证明送检的检材与现场提取的物证的同一性。

再者，王某某死后，谢某某曾经用手擦拭过王某某头上的血，也用手拉过王某某的尸体，不排除是这个过程中使得谢某某指甲缝里含有王某某的DNA。因此，退一步说，即使谢某某指甲缝里真的含有王某某的DNA，也不能证明案发时刘某某用木棍击打王某某时，谢某某帮忙按压过王某某。

（3）从本案的细节来看，刘某某的主观恶性要大于谢某某。

①刘某某向谢某某刻意隐瞒了其身患肝癌绝症的重要信息，且在身患绝症的情况下为了能和谢某某共同生活，度过其生命的最后几年，对谢某某的丈夫王某某痛下杀手。因为王某某不顾家，对家庭长期不承担责任，不关心谢某某，导致谢某某对王某某极其失望。在这个时候，刘某某闯了进来，主动嘘寒问暖，与谢某某发展性关系，并一再向谢某某提出双方在一起共同生活。但是这个时候，刘某某患了肝癌绝症，为了和谢某某共同生活，他刻意对谢某某隐瞒了这一重要信息。我们可以想象一下，如果谢某某知道这一重要信息，她是不可能为了与刘某某共同生活，而答应配合刘某某将她的老公王某某杀死的。因为她配合情夫杀死自己的丈夫，是为了和情夫共同生活，但如果她知道情夫已身患绝症，即将不久于人世，她还会配合情夫杀死自己的丈夫吗？

②刘某某怂恿并欺骗谢某某说，用木棍打人的脑袋可以不流血，使得谢某某以为可以逃脱法律的制裁。刘某某为了和谢某某一起共同生活，提议杀死王某某，并欺骗谢某某说用木棍打人的脑袋可以不流血。这样使得谢某某在懵懂无知之下，答应配合刘某某杀害王某某。谢某某虽然实施了配合、帮助刘某某杀害王某某的行为，但是属于在刘某某欺骗之下的结果，谢某某的主观恶性比刘某某要小。

③在刘某某杀死王某某的前几天，刘某某和他的老婆向某某大吵一架后几天没归家，随后王某某就被其杀害。两件事在时间上极其吻合，这也说明刘某某在杀人的过程中起主导作用，其主观恶性大于谢某某。案发前几日，刘某某和他的老婆向某某吵架并将向某某打了一顿，然后就驾驶自

己的私家车出去了，当天和第二天没有归家，就睡在车子里（详见向某某的询问笔录和刘某某的讯问笔录）。在这种情况下，更加坚定了想要和谢某某一起生活的愿望，随即实施了杀人的行为，这说明刘某某对杀人起主导作用。

（4）谢某某案发前表现良好，没有前科，归案后，能如实供述。

案发前，谢某某表现良好，在村里与邻居和睦，从来没有违法犯罪的前科。在家里，主动承担家庭责任，去工地里开叉车赚钱养家，抚育两个子女可谓任劳任怨。谢某某归案后，能够如实供述，为公安机关迅速地查明案情提供了条件。

（5）谢某某已经获得被害人子女的谅解，依法应当从轻处罚。

案发后，她和被害人王某某的婚生女儿迅速为她聘请了辩护律师，谢某某多次通过辩护律师转达自己的痛悔之心，并表示自己最对不起的是自己的两个子女，如果能让自己的子女好，她自己宁愿死去。而她的子女多次表示愿意谅解谢某某，表示已经失去爸爸，现在不能再失去妈妈。在一审开庭之前，王某某与谢某某的两个子女已经向法庭递交了谅解书，请法庭依法予以考虑。

（6）谢某某的儿子只有 4 岁，从刑罚的人道主义原则考虑，也应对谢某某从轻处罚。

谢某某的老公王某某已经死了，他们的女儿 24 岁，儿子只有 4 岁，需要抚育和亲情，她们一家已经支离破碎，如果将谢某某判处死刑，这不符合刑罚的人道主义原则。

【判决结果】

法院经审理查明，2014 年，被告人刘某某、谢某某二人发生不正当男女关系。之后，二人欲长期生活在一起，多次共谋杀害被告人谢某某的丈夫王某某。其间，刘某某准备作案工具木棍一根，并交谢某某藏匿于其位于 H 市

M 街 R 村的家中卧室内。

2016 年 2 月 13 日 22 时许，被告人刘某某驾驶私家车前往被告人谢某某家附近守候。次日凌晨，谢某某打电话告诉刘某某其丈夫王某某已熟睡后，刘某某进入谢某某家的卧室，接过谢某某递交的事先藏匿的木棍。接着，刘某某持木棍朝正在床上熟睡的王某某头部猛击数下，谢某某同时按住王某某防止其反抗。在打斗过程中，王某某被打醒挣扎至床下，刘某某又上前猛踢王某某的身体，并用手猛掐王某某颈部致其窒息死亡。刘某某、谢某某在确定王某某无呼吸后，一起将王某某的尸体拖至客厅门口，伪造成王某某摔伤致死的假象。经法医鉴定，死者王某某系被他人持棍棒类工具多次打击头部，双手扼颈致严重颅脑损伤合并机械性窒息而死亡。

法院认为，被告人刘某某、谢某某因婚外情而故意非法剥夺他人生命，致人死亡，其行为均已构成故意杀人罪。公诉机关指控的犯罪事实成立，罪名准确，本院予以确认。被告人刘某某归案后虽认罪，但其故意杀人罪的手段特别残忍，犯罪情节特别恶劣，犯罪后果特别严重，论罪应当判处死刑。被告人谢某某论罪应当判处死刑，但鉴于其在案件中的具体情节以及被害人家属要求对其酌情处罚，故可不必立即执行。依照《刑法》第二百三十二条、第五十七条第一款、第四十八条、第二十五条第一款、第六十四条、第三十六条第一款以及《最高人民法院关于适用〈中华人民共和国刑事诉讼法〉的解释》第一百五十一条、第一百五十五条第一款、第二款的规定，判决被告人刘某某犯故意杀人罪，判处死刑，剥夺政治权利终身；判决被告人谢某某犯故意杀人罪，判处死刑，缓期 2 年执行，剥夺政治权利终身。

【律师心得】

辩护人除了尽职尽责为被告人谢某某做有效的辩护，在会见中也与她多聊天，向她普法，告知案件的性质和后果，同时稳定她的情绪，谈两个孩子之后的生活安排，这些也成为辩护人的主要工作之一。

在庭前与法官进行沟通，就辩护的核心要点和关键点向法官作充分的陈述，并在庭前提交书面的意见，以削减或抵消法官先入为主的倾向。辩护人在庭前充分阅卷和会见，抓住辩护中的核心点与法官进行沟通，对公诉机关证据体系的逻辑性，从有利于谢某某的角度进行了分析，再结合庭审过程中的有效发问、有效质证、法庭辩论，使得案件的辩护取得了较好的效果。判决书最后没有全面引述辩护人的辩护切入点，但强调"谢某某论罪应当处以死刑，但鉴于其在本案中的具体情节以及被害人家属要求对其酌情处罚，可不必立即执行"，即表明法庭接受了辩护人的主要辩护切入点，辩护目标得以达成。

【法律链接】

《中华人民共和国刑法》

第二十五条 共同犯罪是指二人以上共同故意犯罪。

二人以上共同过失犯罪，不以共同犯罪论处；应当负刑事责任的，按照他们所犯的罪分别处罚。

第四十八条 死刑只适用于罪行极其严重的犯罪分子。对于应当判处死刑的犯罪分子，如果不是必须立即执行的，可以判处死刑同时宣告缓期二年执行。

死刑除依法由最高人民法院判决的以外，都应当报请最高人民法院核准。死刑缓期执行的，可以由高级人民法院判决或者核准。

第五十七条 对于被判处死刑、无期徒刑的犯罪分子，应当剥夺政治权利终身。

......

第六十四条 犯罪分子违法所得的一切财物，应当予以追缴或者责令退赔；对被害人的合法财产，应当及时返还；违禁品和供犯罪所用的本人财物，应当予以没收。没收的财物和罚金，一律上缴国库，不得挪用和自行处理。

第二百三十二条 故意杀人的，处死刑、无期徒刑或者十年以上有期徒刑；情节较轻的，处三年以上十年以下有期徒刑。

10. 杨某某虚开发票案[①]

杨高波　何丽君[*]

辩护切入点

杨某某虚开的发票中包含增值税专用发票，故侦查机关认定的虚开发票罪金额可能存在问题。

【案情简介】

公诉机关指控的罪名是虚开发票罪。指控事实是 2015 年 4 月至 2016 年 12 月，犯罪嫌疑人（被告人）杨某某在未实际承接相应工程的情况下，以施工单位名义为他人虚开工程项目发票合计金额达 9 753 310.21 元。

---

* 杨高波，毕业于浙江大学法学院，上海邦信阳中建中汇（杭州）律师事务所主任，现任杭州市法治监督员、第九届杭州市律师协会常务理事、杭州市律师协会律所管理与合作促进委员会副主任，曾被评为浙江省律师行业模范党员律师，荣获"杭州律师新星奖"。

何丽君，毕业于中国政法大学法学专业，上海邦信阳中建中汇（杭州）律师事务所专职律师，杭州市律师协会刑事合规专业委员会委员、杭州律协调解中心律师调解员。

① 本案辩护律师为杨高波、何丽君，提供法律服务期间为侦查阶段至一审判决。

【办理过程】

一、辩护人与当事人及家属沟通概况

（一）与家属沟通情况

本案委托人是杨某某的儿子，刚成年。因为杨某某妻子身体一直不太好，当时还在医院接受治疗。杨某某还有一个未成年的女儿，一边哭一边请求律师帮帮他们一家。而稍微了解一点案情的是陪同来的杨某某朋友。

律师从家属这边初步了解到案件情况，并较多了解到当事人家庭情况。

（二）与杨某某沟通情况

被告人杨某某自侦查阶段至庭审，一直非常配合侦查机关，对律师也直言不讳。他自愿认罪认罚。

当律师提及他的家人情况时，他开始面露难色。他告诉律师他的妻子身体一直不太好，家里还有正在上学的孩子，他非常担心家人，希望律师多关心家人，及时告诉他关于他家人的情况。

二、辩护人在阅卷过程中发现的问题

（一）发票类型及涉及金额

虽然侦查机关认为杨某某涉嫌虚开发票罪，但其实发票的类型不全是发票，还有增值税专用发票。因此侦查机关认定的虚开发票罪的金额是否存在问题？

（二）罪名认定

如果严格按照"罪刑法定原则"，应定"虚开增值税专用发票罪"。但是，很明显在本案中杨某某不具备骗取抵扣税款的主观目的。

三、与检察官及法官的沟通

在初步了解案情的基础上，辩护人多次以口头或书面方式与承办检察官及法官，就以下几个问题进行了沟通：

（1）罪名问题及犯罪金额认定；

（2）退缴违法所得事宜及认罪态度、悔罪表现。

律师在征得当事人及家属的同意后，和检察官和法官的沟通中一直表示当事人愿意退缴违法所得，认罪态度好，有悔罪表现。

同时，律师也一直密切关注着当事人及其家属的情况，在与检察官和法官的沟通中多次提及当事人一家的特殊情况，希望法院在量刑时能给予"人文关怀"。

后来事情的发展，尤其是当事人家庭情况的变化，确实让这个案子成为律师办理的众多案子中非常特别的一个。而与检察官和法官的有效沟通，在案件办理过程中也发挥了重要作用。

四、案件戏剧性发展

（一）律师向法院申请取保候审

当事人妻子在案件审判过程中病情加重，多次被下达病危通知，进入抢救室。律师在了解这一情况后，第一时间将情况告诉了法院并申请取保候审，附上了当事人妻子在医院的所有就医材料。

律师认为，在这个世界上，有什么比生命更重要？法律也不是没有温情的，当事人主观恶性不大，认罪态度良好，采取取保候审不致发生社会危险性。法官在收到律师申请材料后，也非常迅速地同意了。律师至今记得女法官在电话那头说，"人命大于天"。

（二）律师建议当事人退缴违法所得

取保候审的成功，让大家都松了一口气，但当事人妻子依然病危的消息让大家精神又紧绷了起来。在与法官多次沟通后，律师建议当事人退缴全部违法所得。其实，在当时的情况下，当事人开具发票后自身并没有盈利，退缴全部违法所得对他们家并不是一件容易的事。所幸当事人朋友鼎力相助，向银行贷款70余万元。

（三）律师建议法院适用缓刑

律师认为，本案在某些法律问题上是存在争议的。此外，当事人的主观恶性不大，几乎没有获利，但通过贷款退缴了全部违法所得，具有坦白、认罪、悔罪情节，加之当事人一家正处于特别困难的时刻，这个时刻是以后无法弥补的关键时刻，是可能会影响到另一个生命的关键时刻。刑法法条是冰冷的，但刑法的实施应该是以人为本的，应该是散发着温情、让人感到温暖的。"教育为主、惩罚为辅"，刑法要有人文关怀，让人心存希望。

令人感动的是，法院虽然依然认为根据刑法入罪"举轻以明重"原则，其虚开增值税专用发票但不具有骗取抵扣税款危险的行为，亦应构成虚开发票罪，但是法院采纳了律师适用缓刑的建议。

五、缓刑插曲

在判决前，法院向被告人之前租住的社区矫正机构发函调查，结果当时被告人租住的小区居委会表示反对。律师得知消息后连忙和当事人及家属沟通商量，后当事人和家属在另一个小区租赁了房屋，该小区居委会同意为当事人后续社区矫正提供协助。在这之间，律师陪同当事人及其家属跑了很多趟，向很多人解释了很多，至今还记得当事人感激地说："律师，还好有你在，不然我们得像无头苍蝇一样，真是太感激了。"

【判决结果】

法院判决被告人杨某某虚开发票罪，判处有期徒刑3年，缓刑5年，并处罚金人民币60 000元。

本案判决后，杨某某未上诉，公诉机关也未抗诉。

【律师心得】

一、关于律师与当事人及其家属之间的沟通

说到底，律师是提供服务的。这个案子，是本案律师办理的众多案子中非常特别的一个。在这个案子里，律师提出了不同于侦查机关、公诉机关的辩护意见，但是最后能争取到缓刑，其中最离不开的是"沟通"工作。

首先是律师与当事人及其家属间的沟通。笔者认为，除了沟通案件，律师还需要去关心当事人及其家属的一些状况。本案的情况非常特殊，但是作为律师，不就是要善于发现每个案子的特殊，并能抓住这些情况，为案子本身服务，为当事人无罪、罪轻或者减轻、免除其刑事责任服务吗？

本案中，如果律师在听到当事人或者家属说的那些情况还无动于衷、不积极争取，而家属又因为律师的无动于衷也没有争取的话，案子很可能并不会取得现在的结果。

二、关于律师与检察官、法官之间的沟通

本案中，律师与检察官与法官之间的沟通起到了非常大的作用。尤其在申请取保候审与适用缓刑问题上，律师与法官曾多次沟通。

很多时候，律师与司法机关之间的沟通会有些不顺畅，但是律师不能因此放弃努力。作为法律共同体，大家都在为法治建设做属于自己的那一份工作。律师只需不卑不亢、胆大心细，向司法机关表达看法、理由。本案中，法官就非常耐心地倾听了律师的意见，也非常充满人性关怀地作出了她的努力。

三、律师与居委会、司法所等社会职能部门之间的沟通

社区矫正会涉及很多部门和人员，也许这部分工作不是律师辩护通常需要涉及的。但是，为了达到最佳的辩护效果，律师需要和当事人一起努力。而且，办法总比困难多。笔者认为，事在人为。

四、关于辩护思路

之所以笔者想就本案和大家分享心得，主要在于这个案子提供了一个不一样的辩护思路——温情。

当然，这种思路真正能起效果的案子非常少，毕竟司法实践中像这样的情况也很少。但是如果在办理案件过程中发生了这样的情况，笔者希望律师们不要无动于衷，希望律师们也能像笔者一样去尝试、去争取。

法条是死的，但人是活的。法律的实施是需要有感情的鲜活的人。如果犯罪行为人的主观恶性不大，如果当事人认罪、悔罪并愿意弥补造成的伤

害，那么本着"教育为主、惩罚为辅"的理念，是不是可以考虑换种更能体现人文关怀的刑罚方式呢？

在律师与当事人及其家属的沟通中、在律师与司法机关的沟通中、在律师的辩护词中，除了理性地"摆事实、讲法律"，是不是能加入更多的人文关怀呢？

【法律链接】

《中华人民共和国刑法》

第二百零五条 虚开增值税专用发票或者虚开用于骗取出口退税、抵扣税款的其他发票的，处三年以下有期徒刑或者拘役，并处二万元以上二十万元以下罚金；虚开的税款数额较大或者有其他严重情节的，处三年以上十年以下有期徒刑，并处五万元以上五十万元以下罚金；虚开的税款数额巨大或者有其他特别严重情节的，处十年以上有期徒刑或者无期徒刑，并处五万元以上五十万元以下罚金或者没收财产。

单位犯本条规定之罪的，对单位判处罚金，并对其直接负责的主管人员和其他直接责任人员，处三年以下有期徒刑或者拘役；虚开的税款数额较大或者有其他严重情节的，处三年以上十年以下有期徒刑；虚开的税款数额巨大或者有其他特别严重情节的，处十年以上有期徒刑或者无期徒刑。

虚开增值税专用发票或者虚开用于骗取出口退税、抵扣税款的其他发票，是指有为他人虚开、为自己虚开、让他人为自己虚开、介绍他人虚开行为之一的。

第二百零五条之一 虚开本法第二百零五条规定以外的其他发票，情节严重的，处二年以下有期徒刑、拘役或者管制，并处罚金；情节特别严重的，处二年以上七年以下有期徒刑，并处罚金。

单位犯前款罪的，对单位判处罚金，并对其直接负责的主管人员和其他直接责任人员，依照前款的规定处罚。

11. 林某、余某某非法经营案①

钟安伟 *

辩护切入点

以时间为坐标轴，审核每一笔款项，对销售金额提出质疑；

当事人系夫妻关系，通盘考量，争取最优辩护方案。

【案情简介】

2017 年 10 月至 2019 年 3 月，林某、余某某（两人系夫妻关系）以营利为目的，在未取得烟草专卖许可证的情况下，伙同程某某、杨某某、黄某某等人，通过微信贩卖、快递邮寄的方式把从微信号为 ×××× 及 ×××× 的上家"缅甸三姐妹"处购得的卷烟销售给李某某、张某某等人（均另案处理），销售金额达人民币 96 万余元，非法获利人民币 5 万元。

林某、余某某及同案犯程某某、杨某某、黄某某等人违反国家烟草专卖管理法律法规，未经烟草专卖行政管理部门许可，无烟草专卖许可证，非法经营烟草专卖品，扰乱市场秩序，已构成非法经营罪。其中，被告人林某、余某某、程某某、杨某某情节特别严重，黄某某情节严重，其行为均已构成非法经营罪，被告人程某某系从犯，被告人杨某某系从犯、自首，提请法院

---

* 钟安伟，毕业于西南政法大学，上海邦信阳中建中汇律师事务所合伙人。

① 本案辩护律师为钟安伟、陈鸣飞、李健，提供法律服务期间为侦查阶段至一审判决。

依照《刑法》第二百二十五条、第二十五条第一款、第二十六条、第二十七条、第六十七条第一款之规定判处。

【办理过程】

一、辩护律师与当事人沟通情况

（一）林某意见

林某对其没有烟草专卖零售许可一事予以认可；对于程某某、杨某某帮助其将卷烟快递给李某某、张某某等人，并由林某或余某某收取资金一事予以认可；但林某认为其并非销售卷烟，只是帮助买家代购，主要理由在于其从未亲自接触过卷烟，没有进行囤货，以及自己是按条收取固定的佣金，没有加价销售。林某认为主犯应当是上家"缅甸三姐妹"，自己只是帮助销售。林某希望律师能够通过辩护，尽量减轻其配偶余某某的处罚，以便余某某能早回家照顾小孩。

（二）余某某意见

余某某对其和林某没有烟草专卖许可一事予以认可；但余某某认为自己不是主犯，自己只是在林某某无暇顾及的时候协助其处理收款、联系快递等事务；认可账本是她做的，但对金额存在异议，认为其根本不记得到底销售了多少卷烟，供述笔录上的金额是办案民警威逼利诱下说出来的，不是实际的金额，实际金额具体多少记不清了。

（三）辩护人意见

首先，本案中结合犯罪嫌疑人自身的供述、同案犯的供述、微信聊天记录以及查询 Z 省历年的该类型案件判例，辩护人认为进行无罪辩护的空间基本没有，因此本案的辩护方向应选择为罪轻辩护。

其次，依据林某供述以及查阅案卷，对于其行为的性质是否构成销售，以及其在共同犯罪中的作用，主张主犯抑或从犯上似有一定空间，但较为有

限，为林某辩护难度相对较大。

最后，根据余某某供述以及案卷记载，作为林某的配偶，余某某从事该行为的时间显然晚于林某，行为的内容也较为简单，性质更偏向辅助，而非组织、策划和发起，将其行为定性为从犯较合理，辩护空间较林某而言也更大。由于余某某加入时间较晚，并且其曾做过销售卷烟外的其他生意，因此金额也存疑。

结合双方的意愿，辩护律师决定将辩护重点放在余某某身上。

二、辩护人在各个阶段作出的努力

（一）侦查阶段

（1）与承办民警密切沟通，就林某和余某某的行为性质、主从犯定性问题、涉案金额问题反复进行交流；

（2）征得家属同意后，陪同家属一同到办案机关退赃，并登记在余某某名下；

（3）起草申请书，为林某和余某某申请取保候审；

（4）在办案民警提请批准逮捕后，起草律师意见书，向检察机关申请不予批捕，并与承办检察官当面沟通意见。

（二）审查起诉阶段

（1）案卷移送审查起诉后，第一时间向检察院申请阅卷；

（2）查阅案卷，仔细对比后发现其中存在的问题，对可能影响林某、余某某行为定性、主从犯认定、涉案金额认定的细节，均作出书面整理，形成律师意见书，送交承办检察官，与其充分沟通；

（3）两次退回补充侦查结束后，第一时间对补充侦查的证据材料进行阅卷，并将其中悬而未决的问题提醒检察官；

（4）结合证据材料的整理结论、林某及余某某的认罪态度等情况，向检察院申请羁押必要性审查，请求变更强制措施。

（三）审判阶段

（1）案卷移送法院正式提起公诉后，第一时间向承办法官申请阅卷；

（2）阅卷后将案卷中存在的问题悉数向法官提出；

（3）再次向法院申请取保候审；

（4）参与庭审，就公诉机关对林某和余某某的指控进行反驳，发表意见，递交书面辩护词和我方准备的证据材料。

三、辩护人在阅卷过程中发现的问题

（一）林某行为的定性问题

林某从事卷烟销售的起因是上家"缅甸三姐妹"在一次活动中主动找到林某，告知林某帮助销售卷烟，可得每条多少元的佣金提成。本案完整的交易逻辑是下家将卷烟的品牌、数量等需求告知林某，林某告知下家总价，下家打款给林某，林某扣除自己的佣金后将钱款汇给上家，并告诉快递员程某某和杨某某至上家处取货快递至下家，快递费由林某支付。

这样看来，林某的行为与传统的低价购入、囤货、加价售出的销售行为似有不同，将其定性为销售行为似乎不妥。"缅甸三姐妹"才应当是整个销售行为的发起者和组织者，也是最大的获利者，应为主犯，将林某认定成主犯也有争议。

（二）余某某行为的定性问题

余某某系林某配偶，一开始只是和林某一起生活、照看小孩。2018年5月，林某生意忙起来后，余某某才应林某请求加入。即便加入了，她也只是偶尔帮助收款、通知快递等工作，同时也无任何个人获利。不论从其加入原因还是其行为内容上看，余某某都只能是从犯，而侦查机关和公诉机关却均将其和林某同等对待，作为主犯定性。

（三）销售金额的问题

侦查机关在"起诉意见书"中认定两人的犯罪金额为"100万元以上"，

十分模糊，其依据只是两人的口供以及快递员口供，并据此估算而来。在审查起诉阶段，辩护人直接向检察官指出了其中的问题。最终公诉机关根据财付通公司提供的微信转账流水，将向"缅甸三姐妹"微信转账的金额视为本案的销售金额。但即便如此也存在问题，比如与林某聊天的上家的微信号与接受钱款的微信号不同，林某转账均是通过扫描二维码支付的情况，这些都将对公诉机关认定金额的计算方式提出挑战。

四、庭审控辩

由于本案在事实方面控辩双方存在较大争议，因此庭审过程出现了较强的对抗性，比如在庭前准备的时候，辩护人发现控方虽然指派了两名公诉人，但却只有其中一名公诉人提交了指派手续，另一名人员据其所言为检察官助理，此时辩护人便提出需要提供指派手续，方可出庭公诉，否则只能落座旁听。最终法院要求先进行庭审，庭后补交指派手续。

以下为庭审过程中，辩护人就林某和余某某的指控提出的主要辩护意见。

（一）公诉机关指控事实有误，定性不正确，林某不应当认定为主犯

公诉机关指控林某系从上家"缅甸三姐妹"处购得卷烟后，再将卷烟销售给李某某、张某某等人，此事实认定有明显错误。

正常的卷烟销售行为，确实应当如公诉机关所指控的，低价购入、高价卖出，从中赚取差价。但根据辩护人数次向林某核实，以及根据林某、余某某的供述情况可以确定，林某自始至终都没有向商家购入过任何卷烟。林某所做的工作，是将下家的购买品类、数量、收件地址等信息，提供给上家，上家得到信息后，以快递的方式，将卷烟直接寄给下家，然后林某帮助上家从下家处收取购烟款，扣除每条 2 元 ~5 元不等的销售佣金后，再将余款全部转给上家。林某所做的工作，和一般的卷烟销售有如下不同点。

（1）倒卖烟草，需要有明显的购入—囤货—加价出售的过程，但林某从未囤货。林某在供述中明确提到是上家找到他，希望他帮助销售卷烟，并且

可以从中得到固定的提成。所以林某行为只是帮助将上家的卷烟销售掉，并不存在自己单独的销售卷烟的行为，林某的行为不能从上家销售卷烟的行为中独立出来单独对待。如果没有上家在整个交易中的主导作用，林某完全不能单独销售卷烟。

（2）一般销售卷烟得到的是低买高卖的差价利润，而林某所赚取的是固定数额佣金，不是差价。在林某的供述中很明确地说到，其赚取的是每销售一条香烟，可以得到的 2 元 ~5 元不等的佣金提成。如果是一般的买进卖出，完全可以加价一二十元甚至上百元，销售价格多少完全靠自己操控，利润多少也由自己决定，但林某不是，他每销售一条卷烟所赚取的费用是固定的，并且不是由自己决定的，而是由他的上家决定的，再加上每条烟所能得到的报酬非常微小，基本可以确定，林某所收取的费用的性质不是差价利润，而是销售所得的佣金。

综合以上两点，林某不仅没有从上家"购得"卷烟，并且其行为的性质应当是帮助上家销售卷烟的从犯，而不是公诉机关所认定的主犯。本案真正的主犯应当是目前仍未归案的上家"缅甸三姐妹"，公安机关真正该打击的也正是像本案上家这样的利用国内人员以及互联网发展提供的便利，违反国家烟草管理制度，向国内民众销售卷烟的人员，公诉机关将林某这样起到从属作用的帮助犯定为主犯，实际原因也不过是因为上家"缅甸三姐妹"一直身在国外，碍于国界无法进行抓捕罢了。

（二）指控本案涉案金额之证据有瑕疵

公诉机关指控林某等人主要通过两个微信号同上家联系。但是，在辩护人仔细查阅本案相关人员所有的供述，并反复和林某本人核实之后，可以确定林某与上家联系的微信号和公诉机关指控的联系的微信号不一致，而公诉机关却将一个林某从不知晓的微信号作为认定其销售卷烟的依据，并将之作为销售金额的计算依据，颇有争议。

（三）代购与销售的行为逻辑完全不同

销售卷烟的逻辑是行为人先将卷烟购入，增加一个差价后，再向买家出售，中间赚取差价，在买家还没有出现的时候，行为人就已经买进了卷烟。但在本案中免税店的部分卷烟并不是这样一个逻辑。依据各人供述以及开庭情况，基本可以确定，有一部分卷烟是买家将需求和购烟款提供给林某后，林某要求快递员去免税店帮忙购买，然后再由快递员寄给买家，林某是依据买家的具体需求得到买家的购烟款后，才去免税店帮忙采购，先有买家，再有货物，先买家出钱，后帮忙购买，这种行为的性质，充其量只算代购，不应该被认定为销售。

（四）余某某系从犯，不是主犯

首先，本案涉及的销售卷烟的行为，最早是 2017 年 10 月由林某开始操作，余某某虽然也在云南瑞丽，但根本没有参与到卷烟销售工作中，余某某主要的日常事务，就是带小孩、照顾林某和家庭事务，这一点，在公诉书中没有任何体现，在相关笔录中，虽然余某某向办案民警反映了，但侦查机关也未明确记录。

其次，在 2018 年七八月后，因林某帮助上家卖的卷烟数量逐渐增多，因此要求余某某在处理完家务间隙，帮助处理部分销售事务，比如将下家的收件地址告知快递员，将下家需要的种类和数量告知上家，余某某系被动地接受林某的指令，按要求完成相关的事项，这点从程某某当庭供述主要系由林某与其电话联系也可获悉。即便如此，余某某也没有全职参与相关事务，而只是在料理家务间隙参与一定的工作。而公诉机关认为，因为余某某存在用其微信添加了上家的微信这一行为，认定与上家联系是余某某主动、自发的。事实上，无论是林某还是余某某，无论是之前的口供还是当庭的供述，都明确余某某只是按林某口述内容向上家或者下家进行回复的工作。

（五）余某某涉案销售金额绝非 96 万元，并且应当与林某进行区分

首先，余某某系从 2018 年七八月才开始从事贩卖烟草的事务（程某某、杨某某当庭供述均确认系 2018 年 9 月才开始为 ×× 夫妇寄烟），因此，不应当将在此之前的金额一并计算至余某某名下。

其次，公诉人庭审中认为，本案涉案金额与转账给上家的金额、账簿及陈某某供述相互印证。但辩护人认为，从林某、余某某、程某某、杨某某的供述中均明确表示有出售特产、翡翠等其他商品，而公诉人仅以 2018 年 11 月至 2019 年 3 月与上家的聊天记录中没有相关内容，以及杨某某称的数量少（而程某某当庭供述与陈某某并不一致）为由否定了该事实。辩护人认为，该聊天记录的期限仅能反映 2018 年 11 月之后的内容，并不能反映 2017 年 10 月至 2018 年 10 月整整一年的内容，是不完整的；关于杨某某的供述，其供述始终在变化（其在看守所的供述邮寄烟数量为 1 万条，但在 2019 年 7 月 31 日的补充侦查供述中又称 5000 条左右），甚至在庭审当日就同一问题都反复出现回答不一致的情形，反观程某某的供述始终不变的，故程某某与杨某某供述不一致的情形下，程某某的供述更应当被采信。

最后，关于免税店购买烟的金额，公诉人指控：向程某某微信账户转账 22 万元，其中 15 万元买烟，5 万元为运费。辩护人认为，免税店具有出售烟草的合法许可，林某、余某某根据下家要求为其购买，该行为实际上就是代购行为，因此不应当将代购的金额计入涉案金额；退一步讲，即使要计入涉案金额的，那其中究竟多少是运费，多少是免税店的费用，也仅有程某某、杨某某的口供，从转账流水中并不能客观反映，且并未扣除林某、余某某邮寄其他特产等物品的费用，这显然是不合理的。

【判决结果】

经审理查明，2017 年 10 月至 2019 年 3 月，被告人林某以营利为目的，在未取得烟草专卖许可证的情况下，通过微信贩卖、快递邮寄的方式，把从

微信号为××××、××××的上家"缅甸三姐妹"处购得的卷烟销售给李某某、张某某等人。其间，被告人余某某明知被告人林某从事非法卷烟销售，仍共同参与，并将非法获利用于家庭生活开支。2018年7月至2019年3月，二被告人销售金额达到人民币96万余元，非法获利5万余元。

本院认为，被告人林某、余某某、程某某、杨某某、黄某某违反国家规定，未经许可，擅自从事烟草经营活动，扰乱市场秩序，被告人林某、余某某、程某某、杨某某情节特别严重，被告人黄某某情节严重，其行为均已触犯刑法，构成非法经营罪，公诉机关指控的罪名成立，依法应予支持……在共同犯罪中，被告人林某系主犯，应按照其所参与的全部犯罪处罚；被告人余某某、程某某、杨某某系从犯，依法应当减轻处罚。各被告人在庭审中能自愿认罪，可予以从轻处罚。被告人林某、余某某、程某某、杨某某、黄某某能主动退赃，且均系初犯，可酌情从轻处罚。辩护人据上所提辩护意见，理由成立，本院予以采纳。为维护国家对市场的管理秩序，保护市场经济的健康运行，惩罚犯罪，依照《刑法》相关规定，判决被告人林某犯非法经营罪，判处有期徒刑5年，并处罚金人民币10万元；被告人余某某犯非法经营罪，判处有期徒刑3年，并处罚金人民币4万元。

本案判决后，林某和余某某均未上诉，公诉机关也未抗诉。

【律师心得】

有一部分刑事案件的家属和当事人，情绪经常处于极度的焦虑和无助当中，当他遇到一位专业的刑事辩护律师，觉得律师分析得很有道理，辩护策略攻守兼备之时，就可能会出现一种期待，认为请了这个律师，就一定能达到非常不错的效果。这时候的家属，会对律师辩护产生过高的、不切实际的期待。然而，刑辩律师做辩护不是一朝一夕就能扭转乾坤。遇到这种情况，我们应该引导当事人及家属把期待建立在案件和事实之上，保持镇静。

律师做刑事辩护工作是需要勇气的。这里说的勇气，一是根据现有证据材料或者自行取证，独立得出自己的、与司法机关不同结论的勇气；二是向办案民警、承办检察官、承办法官坚持提出不同意见的勇气。这两点都十分重要。前者要求律师能够在已有的案件证据材料中擦亮眼睛，对司法机关的意见提出质疑或否定，并通过自己不断搜寻、整理的证据，佐证自己的观点；后者要求律师在有了确定的结论后，坚持与司法机关正面沟通，确信正义终会来临。

【法律链接】

《中华人民共和国刑法》

第二百二十五条 违反国家规定，有下列非法经营行为之一，扰乱市场秩序，情节严重的，处五年以下有期徒刑或者拘役，并处或者单处违法所得一倍以上五倍以下罚金；情节特别严重的，处五年以上有期徒刑，并处违法所得一倍以上五倍以下罚金或者没收财产：

（一）未经许可经营法律、行政法规规定的专营、专卖物品或者其他限制买卖的物品的；

（二）买卖进出口许可证、进出口原产地证明以及其他法律、行政法规规定的经营许可证或者批准文件的；

（三）未经国家有关主管部门批准非法经营证券、期货、保险业务的，或者非法从事资金支付结算业务的；

（四）其他严重扰乱市场秩序的非法经营行为。

《中华人民共和国烟草专卖法》

第十六条 经营烟草制品零售业务的企业或者个人，由县级人民政府工商行政管理部门根据上一级烟草专卖行政主管部门的委托，审查批准发给烟草专卖零售许可证。已经设立县级烟草专卖行政主管部门的地方，也可以由县级烟草专卖行政主管部门审查批准发给烟草专卖零售许可证。

《最高人民法院、最高人民检察院关于办理非法生产、销售烟草专卖品等刑事案件具体应用法律若干问题的解释》（法释〔2010〕7号）

第三条　非法经营烟草专卖品，具有下列情形之一的，应当认定为刑法第二百二十五条规定的"情节严重"：

（一）非法经营数额在五万元以上的，或者违法所得数额在二万元以上的；

（二）非法经营卷烟二十万支以上的；

（三）曾因非法经营烟草专卖品三年内受过二次以上行政处罚，又非法经营烟草专卖品且数额在三万元以上的。

具有下列情形之一的，应当认定为刑法第二百二十五条规定的"情节特别严重"：

（一）非法经营数额在二十五万元以上，或者违法所得数额在十万元以上的；

（二）非法经营卷烟一百万支以上的。

第四条　非法经营烟草专卖品，能够查清销售或者购买价格的，按照其销售或者购买的价格计算非法经营数额。无法查清销售或者购买价格的，按照下列方法计算非法经营数额：

（一）查获的卷烟、雪茄烟的价格，有品牌的，按照该品牌卷烟、雪茄烟的查获地省级烟草专卖行政主管部门出具的零售价格计算；无品牌的，按照查获地省级烟草专卖行政主管部门出具的上年度卷烟平均零售价格计算；

（二）查获的复烤烟叶、烟叶的价格按照查获地省级烟草专卖行政主管部门出具的上年度烤烟调拨平均基准价格计算；

（三）烟丝的价格按照第（二）项规定价格计算标准的一点五倍计算；

（四）卷烟辅料的价格，有品牌的，按照该品牌辅料的查获地省级烟草专卖行政主管部门出具的价格计算；无品牌的，按照查获地省级烟草专卖行政主管部门出具的上年度烟草行业生产卷烟所需该类卷烟辅料的平均价格计算；

（五）非法生产、销售、购买烟草专用机械的价格按照国务院烟草专卖行政主管部门下发的全国烟草专用机械产品指导价格目录进行计算；目录中没有该烟草专用机械的，按照省级以上烟草专卖行政主管部门出具的目录中同类烟草专用机械的平均价格计算。

12. 牛某某等人挪用公款案 [①]

赵红刚

> **辩护切入点**
>
> 经单位领导集体研究决定将公款给个人使用，或者单位负责人为了单位利益，决定将公款给个人使用的，不以挪用公款罪定罪处罚。

【案情简介】

1995 年 2 月，A 公司因经营需要决定成立 B 公司。B 公司法定代表人牛某某，股东为牛某某、高某，A 公司在工商登记资料股东身份栏加盖公章，二人未实际出资。同年 3 月，A 公司任命牛某某为 B 公司经理，高某任副经理（后 A 公司任命高某为经理，牛某某为副经理）。该公司经营范围包括金属加工机械、五金交电、农机配件、水泥等商品的批发零售、代销。

1995 年年底，时任 B 公司副经理的高某经人介绍认识了曹某某，曹某某提出以其拥有的全自动制冰机技术作为出资与 B 公司合作开发全自动制冰机项目，高某遂将此事告知时任 B 公司经理的牛某某，高某、牛某某协商后同意与曹某某合作开发全自动制冰机项目，双方商定由 B 公司负责全自动制冰机项目开发研制的启动资金，曹某某则以该项目的技术作为投资，并决定由

---

① 本案辩护律师为赵红刚，提供法律服务期间为二审审判阶段。

B公司与曹某某共同成立新公司进行全自动制冰机项目的研制和开发。随后，高某、牛某某又将此项目向时任A公司总经理的高某某做了汇报，高某某表示同意。曹某某遂开始办理双方拟成立公司的申办手续。1996年年初，曹某某提出全自动制冰机项目启动需要资金，高某、牛某某遂与曹某某商定，并征得高某某的同意，决定由A公司为B公司提供贷款担保，B公司向工商银行某信托公司申请贷款50万元用于该项目的启动。1996年1月12日，贷款获批并进入B公司。根据双方约定，B公司对50万元资金进行监管，B公司的财务人员在高某或牛某某签字审核同意后，将此笔贷款中的部分资金陆续用于C公司成立前后的经营活动、项目支出以及B公司其他业务支出。

1997年2月18日，C公司注册成立，股东为高某某、高某、牛某某和曹某某，4人均未实际出资。进行工商登记时，股东身份栏B公司对高某、牛某某加盖印章，A公司对高某某加盖印章。1997年3月10日，B公司与C公司签订了利润分配协议，双方约定C公司负责全自动制冰机项目的开发，资金原则上由C公司自筹解决，向银行贷款B公司可以给C公司提供贷款担保。C公司与B公司在合作期间的收益按照4∶6的比例进行分配。该项目由于资金以及合作等问题，未能投入批量生产。

上述事实，有一审及二审开庭审理中经质证、确认的A公司、B公司、C公司营业执照及相关工商登记资料、三上诉人的户籍证明及A公司的会议记录、任职文件及C公司与B公司协议书、C公司的账务资料、A公司提供的B公司记录C公司的财务资料等书证，A公司员工王某乙（原总经济师、经理办主任）、李某甲、李某乙、晁某某、赵某某、胡某某、周某某、曹某某、薛某某（B公司会计）、王某甲（B公司出纳）及曹某某（C公司股东）等人的证言，各上诉人的供述及辩解等证据证实。

案件审理经过如下：

（1）某区人民法院审理某区人民检察院起诉指控的被告人高某某、高某、牛某某犯挪用公款罪一案。判决如下：①被告人高某某犯挪用公款罪，判处有期徒刑10年；原判决有期徒刑11年，并处没收财产3万元；

决定执行有期徒刑 16 年，并处没收财产 3 万元。②被告人高某犯挪用公款罪，判处有期徒刑 10 年。③被告人牛某某犯挪用公款罪，判处有期徒刑 5 年。

（2）宣判后，被告人高某某、高某、牛某某不服，提出上诉。某市中级人民法院经过审理，作出二审刑事裁定，裁定撤销原判，发回重审。

（3）某区人民法院依法另行组成合议庭，并经审理后作出一审刑事判决。判决：①被告人高某某犯挪用公款罪，判处有期徒刑 10 年，原判决有期徒刑 11 年，并处没收财产 3 万元，决定执行有期徒刑 16 年，并处没收财产 3 万元。②被告人高某犯挪用公款罪，判处有期徒刑 10 年。③被告人牛某某犯挪用公款罪，判处有期徒刑 4 年。

（4）宣判后，被告人高某某、高某不服，再次提出上诉。某市中级人民法院经过审理作出二审刑事裁定，裁定撤销原判，发回重审。

（5）某区人民法院重新组成合议庭，并经审理后作出一审刑事判决。判决：①被告人高某某犯挪用公款罪，判处有期徒刑 4 年 10 个月，与原判有期徒刑 11 年，并处没收财产 3 万元并罚，决定执行有期徒刑 15 年，并处没收财产 3 万元。②被告人高某犯挪用公款罪，判处有期徒刑 4 年 9 个月。③被告人牛某某犯挪用公款罪，判处有期徒刑 4 年。④被告人牛某某所退赃款 3 万元发还 A 公司；其余未追回之赃款继续追缴。

（6）宣判后，被告人高某某、高某、牛某某不服，提出上诉。某市中级人民法院受理后，依法组成合议庭公开开庭审理了本案。某市人民检察院指派检察员出庭履行职务，上诉人高某某及其辩护人、上诉人高某及其辩护人、上诉人牛某某及其辩护人赵红刚到庭参加诉讼。现已审理终结。

法院判决某区人民法院作出的一审刑事判决；上诉人高某某、高某、牛某某无罪。

一审法院认为：

被告人高某某、高某、牛某某身为国家工作人员，利用职务上的便利将 43 万元公款挪用给其个人成立的有限责任公司用于经营活动，数额较大，其行为均已构成挪用公款罪。被告人高某某曾因犯数罪被判处有期徒刑，在刑罚执行完毕前，又发现其漏罪，依法应数罪并罚。依据《刑法》第三百八十四条第一款、第七十条、第六十九条、第二十五条第一款、第六十四条及《最高人民法院、最高人民检察院关于办理贪污贿赂刑事案件适用法律若干问题的解释》第六条之规定，判决：①被告人高某某犯挪用公款罪，判处有期徒刑4年10个月，与原判有期徒刑11年，并处没收财产3万元并罚，决定执行有期徒刑15年，并处没收财产3万元。②被告人高某犯挪用公款罪，判处有期徒刑4年9个月。③被告人牛某某犯挪用公款罪，判处有期徒刑4年。④被告人牛某某所退赃款3万元发还A公司；其余未追回之赃款继续追缴。

被告人和一审辩护人的主要辩护意见如下：

被告人高某某、高某、牛某某及其辩护人，对起诉指控的事实无异议。辩护意见综合如下：

第一，B公司的50万元贷款是对C公司的项目投资款，不是上诉人对公款的挪用。①高某与牛某某商议后，并征得上级单位市A公司总经理的高某某同意，与曹某某合作开发全自动制冰机项目，涉案的50万元资金是B公司向C公司的投资款。②由于B公司是商贸公司，经营范围不含电器产品的制造与销售，而自动制冰机项目必须以法人组织形式对外从事生产性经营活动，因此C公司股东登记为高某、牛某某、高某某和曹某某4个人，但B公司与C公司约定C公司利益分配为B公司和C公司六四分账。故C公司应是B公司与曹某某合作设立的公司。

第二，上诉人高某某不具有挪用公款的主观故意。C公司成立前与成立后，资金的使用和管理均置于B公司的控制下，C公司的会计和出纳由B公司会计和出纳兼任，自动制冰机项目及C公司的账目均由B公司监管，不仅是B公司对项目投资的50万元，还有曹某某个人及C公司从其他途径所组织的项目开发资金都在B公司的监管和控制范围内。

第三，该案曾被某市中级人民法院以事实不清、证据不足为由发回重审，在长达两年的审判过程中一审法院既没有查明任何新证据证明 B 公司与 C 公司之间协议"项目利润四六分成"不是经营投资行为是出借资金，也没有查明新的事实证明 50 万元不是 B 公司对 C 公司项目投资是单纯出借资金，本案没有证据和事实依据的情况下，又以挪用公款罪对高某某定罪量刑是错误的。故请求二审法院查明事实，依法改判三上诉人无罪。

【办理过程】

一、辩护人二审辩护意见

辩护人认为一审法院认定上诉人牛某某挪用公款罪事实认定错误、定罪证据不足，理由如下。

（一）一审法院认定事实错误，上诉人不具有利用职务便利挪用公款用于经营活动的犯罪事实，不应当认定为挪用公款罪

1.上诉人不具有利用职务便利挪用公款用于经营活动的行为

（1）注册设立 C 公司的相关文件均有 A 公司、B 公司的盖章，可以证明 A 公司、B 公司对于 C 公司的设立是认可的。

（2）三上诉人在 A 公司与 B 公司的会议上对 C 公司的设立及经营等情况做了汇报，且 C 公司也用文件形式向 A 公司进行了工作汇报，这可以证明 A 公司、B 公司对 C 公司的设立、经营等情况是知情的。

（3）由 A 公司的财务总监兼任 C 公司的会计，B 公司出纳兼任 C 公司出纳，B 公司贷款的 50 万元投资款实际由 B 公司控制，C 公司股东曹某采用报销、借款的形式，从 B 公司出纳处支取，说明 A 公司及 B 公司对 C 公司的实际经营情况、财务状况、贷款用途是知情并掌握的。

（4）C 公司的设立是基于当时 20 世纪 90 年代的时代背景，国有公司自谋出路，当时的工商注册制度规定处于亏损状态的公司法人不能注册成立新的公司，故 A 公司下设的所有二级法人股东均为自然人，A 公司、B 公司当时均处于亏损状态，故只能由三上诉人代表 A、B 公司对 C 公司进行投资。

上诉人对上述投资款项无挪用的故意及可能。

综上，C公司的成立系A公司与B公司的投资行为，三上诉人代表A公司与B公司与案外人曹某成立C公司，一审法院认定C公司系三上诉人与案外人成立的个人公司之事实是错误。本案款项应认定为A公司与B公司的投资行为，上诉人并不具有利用职务上的便利将公款挪用的犯罪事实，故上诉人不应当认定为挪用公款罪。

2.上诉人不存在个人挪用公款的主观故意

C公司虽由4个自然人股东设立组成，但实际在"分成协议"中约定了由B公司享有六成的利润，由曹某享有公司四成的利润。上诉人虽为股东，但实际代表的是A公司、B公司，上诉人个人不享有利润分成，公司的财务管理亦由A、B公司的人员兼任。

因此，C公司的设立、经营均是在A公司的控制下进行的，上诉人个人不具有决策权，不享有利润分成，更不存在个人挪用的主观故意。

以上事实均有相关证据予以佐证。

综上所述，上诉人主观上不具有明知是公款而故意挪作个人使用的主观目的，客观上没有挪用公款归个人使用，进行营利活动的行为，故三上诉人不具有挪用公款的犯罪事实，不应当认定为挪用公款罪。

（二）本案定罪证据不足，从笔录及客观证据分析无法证明上诉人有利用职务上的便利挪用公款供个人用于经营活动的主观目的及行为

证人曹某的证言证明B公司经上级A公司同意，决定和曹某成立C公司，B公司出资研制费用，曹某以非专利技术出资；A公司财务科长薛某某的证言证明C公司是由B公司派生出的公司；B公司副总胡某锋的证言证明高某在A公司中层会上汇报过全自动制冰机项目。以上证言足以证明：50万元贷款是经A公司及B公司同意后的投资款，而非出借给曹某个人或者C公司。

综合上述事实及本案证人证言，B公司经上级A公司批准，与曹某合作投资全自动制冰机项目，以高某某、高某、牛某某为代表进行设立事宜，并派上级A公司工作人员出任会计、本公司工作人员担任出纳，共同负责监管

财务，C公司产生利润B公司取得六成。这就从实质上证实了B公司的公款系经本单位决定，上级单位批准，为本单位利益，投资C公司的事实。三上诉人的行为系代表A公司与B公司的投资行为，而非一审法院所认定的利用职务便利挪用公款的个人行为。

根据《全国法院审理经济犯罪案件工作座谈会纪要》（法发〔2003〕167号）的规定，不以挪用公款罪定罪处罚。

综上所述，辩护人认为一审法院认定上诉人牛某某挪用公款罪事实错误、定罪证据不足，上诉人牛某某挪用公款罪不能成立，请求二审法院宣告上诉人无罪。

二、二审法院判决

挪用公款罪是指国家工作人员利用职务上的便利，挪用公款归个人使用，进行非法活动的，或者挪用公款数额较大、进行营利活动的，或者挪用公款数额较大、超过3个月未还的行为。《全国法院审理经济犯罪案件工作座谈会纪要》（法发〔2003〕167号）明确，"经单位领导集体研究决定将公款给个人使用，或者单位负责人为了单位利益，决定将公款给个人使用的，不以挪用公款罪定罪处罚。上述行为致使单位遭受重大损失，构成其他犯罪的，依照刑法的有关规定对责任人定罪处罚。"据此规定和原审判决认定的事实及辩护意见，本案争议焦点有：一是C公司股东高某某、高某、牛某某是为个人利益而担任C公司股东，还是代表B公司持股；二是高某某、高某、牛某某为个人利益将B公司资金用于C公司的经营活动，还是三人为单位利益代表B公司投资C公司研发制冰机项目。

关于焦点一，原审法院认为A公司会议记录、审计报告等书证的效力高于言词证据的效力，从而认定高某某、高某、牛某某将43万元公款挪用给其个人成立的有限责任公司用于经营活动，构成挪用公款罪。本院审查了C公司股东曹某某、A公司财务人员薛某某、王某甲及A公司员工王某乙、胡某某、周某某等人的证言及B公司、C公司工商登记资料、B公司财务资料、B

公司与 C 公司签订的协议等证据。虽 A 公司的会议记录、审计报告、B 公司工商资料等书证证明高某某、高某、牛某某三人与曹某某合作成立 C 公司，并进行制冰机项目的研制和开发产品，但相关证人证言及工商资料、财务资料等证据，显示三人代表 B 公司与 C 公司投资开发制冰机项目、B 公司对 C 公司财务进行监管以及高某代表 B 公司向 A 公司汇了报制冰机项目的事实。本案现有证据之间存在矛盾，未能排除合理怀疑，不能证明 C 公司系三上诉人为谋取个人利益与曹某某成立的自然人公司。

关于焦点二，原审判决认为 B 公司与 C 公司签订的分红协议主要解决流动资金来源和收益分成事项，与 C 公司性质无关，从而认定三被告人将公款挪用给其与曹某某设立的 C 公司，用于营利活动。但高某、牛某某系 B 公司股东、正副经理，二人研究并报请 A 公司总经理高某某同意，决定出资与曹某某共同设立 C 公司，共同开发制冰机项目的行为，不违反公司法的相关规定。本案在没有证据证明三上诉人为自己利益而与曹某某成立 C 公司并签订分红协议的情况下，B 公司与 C 公司共同研发的制冰机项目，表现为 B 公司的利益。

综上说明，原审判决事实不清、证据不足，没有排除合理怀疑，现有证据不能证明上诉人高某某、高某、牛某某将 B 公司的资金用于 C 公司制冰机项目的行为构成挪用公款罪，应当宣告三上诉人无罪。对上诉人高某某、高某、牛某某的上诉理由及其辩护人的辩护意见，依法予以采纳。对某市人民检察院检察员提出的原审判决事实不清，证据不足的意见，依法予以支持。依照《刑事诉讼法》第二百三十六条第一款第三项、第二百条第三项之规定，法院判决：撤销某区人民法院作出的一审刑事判决；上诉人高某某、高某、牛某某无罪。

【律师心得】

在接手案件前，辩护人认为二审改判的难度极高。在二审中，辩护律师

面对的是一审法院已经依法确认的事实，改判只有两条路：一是原判决认定事实没有错误，但法律适用错误，或量刑不当的；二是原判决事实不清或证据不足的。

故本人认为在接到案件后应当从以下几点入手：①通过仔细研读一审判决书来充分了解法官的意见及判决背后的逻辑。②通过仔细研读在案证据，分析证据的证明力度、证据的证明目的等，判断一审定罪是否达到事实清楚、证据充分的程度。③通过与当事人沟通并结合案件证据，了解案件全貌，分析当事人的主观目的及行为，提取有效信息。④查找相关法律法规，结合案件事实，分析一审适用法律是否正确并形成辩护思路。最终通过以上四个方面，从事实、证据、法律三个角度切入，形成辩护思路，以此作无罪辩护。

【法律链接】

《中华人民共和国刑法》

第三百八十四条 国家工作人员利用职务上的便利，挪用公款归个人使用，进行非法活动的，或者挪用公款数额较大、进行营利活动的，或者挪用公款数额较大、超过三个月未还的，是挪用公款罪，处五年以下有期徒刑或者拘役；情节严重的，处五年以上有期徒刑。挪用公款数额巨大不退还的，处十年以上有期徒刑或者无期徒刑。

……

《全国法院审理经济犯罪案件工作座谈会纪要》（法发〔2003〕167号）

四、关于挪用公款罪

（一）单位决定将公款给个人使用行为的认定

经单位领导集体研究决定将公款给个人使用，或者单位负责人为了单位的利益，决定将公款给个人使用的，不以挪用公款罪定罪处罚。上述行为致使单位遭受重大损失，构成其他犯罪的，依照刑法的有关规定对责任人员定罪处罚。

……

《中华人民共和国刑事诉讼法》

第二百条 ……

在被告人最后陈述后，审判长宣布休庭，合议庭进行评议，根据已经查明的事实、证据和有关的法律规定，分别作出以下判决：

（一）案件事实清楚，证据确实、充分，依据法律认定被告人有罪的，应当作出有罪判决；

（二）依据法律认定被告人无罪的，应当作出无罪判决；

（三）证据不足，不能认定被告人有罪的，应当作出证据不足、指控的犯罪不能成立的无罪判决。

第二百三十六条 第二审人民法院对不服第一审判决的上诉、抗诉案件，经过审理后，应当按照下列情形分别处理：

（一）原判决认定事实和适用法律正确、量刑适当的，应当裁定驳回上诉或者抗诉，维持原判；

（二）原判决认定事实没有错误，但适用法律有错误，或者量刑不当的，应当改判；

（三）原判决事实不清楚或者证据不足的，可以在查清事实后改判；也可以裁定撤销原判，发回原审人民法院重新审判。

原审人民法院对于依照前款第三项规定发回重新审判的案件作出判决后，被告人提出上诉或者人民检察院提出抗诉的，第二审人民法院应当依法作出判决或者裁定，不得再发回原审人民法院重新审判。

13. 潘某某故意伤害案 [①]

竺培艺 [*]

辩护切入点

从被害人陈述、证人证言两次笔录的变化，以及被告人、被害人、各方证人对案件发生经过所做的陈述之间的矛盾，指出公诉机关指控被告人潘某某犯故意伤害罪的事实不清、证据不足。

【案情简介】

被告人潘某某的女儿潘某在怀孕后多次与公婆发生冲突，双方家庭关系非常紧张。案发当天，潘某叫上父亲潘某某（即本案被告人）、母亲陈某及其他亲属，一同去婆家整理衣物准备搬回娘家居住。谁知正巧碰到潘某的婆婆朱某某（即本案被害人）回家，双方便发生争吵和肢体冲突。混乱中，被害人朱某某倒地受伤至左肱骨头骨折，后经鉴定构成轻伤。在公安机关调查取证的过程中，对于是谁直接导致朱某某倒地受伤的说辞，被害人朱某某及其家属的陈述前后矛盾，案情多次反转。在法院审理阶段，家属方才委托辩护人介入本案，时间紧、任务重，经辩护最终取得定罪免罚的判决结果。

---

* 竺培艺，毕业于复旦大学，上海邦信阳中建中汇律师事务所合伙人、刑事业务部负责人，上海市律师协会刑事合规业务委员会委员。

① 本案辩护律师为竺培艺，提供法律服务期间为审判阶段。

【办理过程】

一、接待当事人

（一）第一次约见被告人家属

辩护人在事务所约见了潘某某的妻子陈某、女儿潘某和潘某某的姐姐，她们向辩护人陈述的事情经过是这样的：

潘某婚后与丈夫共同居住在婚房内，潘某怀孕后，公公婆婆便以照顾潘某为由搬来同住，因发现潘某在孕期内服用助眠药物，公公婆婆担心药物影响胎儿，要求潘某人工流产，潘某不愿意，时常与公婆产生矛盾，后来升级为娘家与婆家之间的矛盾，案发前曾有过数次争吵。

案发当晚，潘某叫上父亲（即本案被告人潘某某）、母亲陈某、舅舅（陈某的哥哥）陈某某、表姐（陈某某的女儿）、大姨（陈某的姐姐）及其丈夫，到婚房内收拾衣物准备搬回娘家。可回到婚房后却发现门锁被换了，屋内虽开着灯，却无人应门，以为是公公婆婆故意不开门，便叫来了锁匠开锁进入屋内，入屋后发现屋内确实没人。

正当潘某翻找衣物时，潘某的婆婆（即本案的被害人）朱某某回来了，随即发生争吵，进而发展为肢体冲突，而被告人一方中吵得最凶的是潘某的舅舅陈某某。冲突中，被害人朱某某仰面向后倒地并撞到身后的花瓶，致左肩受伤（后经鉴定构成轻伤）。被害人向公安机关指认是潘某的父亲潘某某将其打伤。而潘某某、潘某及陈某则均坚称，潘某某绝对没有动手参与到殴打中，其一直在一旁观看，被害人朱某某倒地纯粹是自己没站稳；被害人朱某某之所以一口咬定是潘某某将其打伤，是因为陈某某有心脏病、高血压、糖尿病等疾病，公安机关不好处理，加上潘某某是潘某的父亲，被害人一家可以以此相要挟，达到让潘某在离婚时净身出户的目的。

家属声称，案件在侦查阶段和审查起诉阶段时，办案机关的态度有一个明显转变的过程，案件从刑事不立案到立案侦查、再到检察院审查起诉、检察院退回公安要求调解，一路走到了法院审判阶段。法院通过法律援助中心为被告人潘某某指定了辩护人，被告人及家属从指定辩护人处获得的也都是利好消息，认为双方无法达成赔偿和解方案的责任在被害人一方。直到被告人潘某某被法院通知去领取被害人伤残等级鉴定意见书的那天，法庭突然宣告要对潘某某执行逮捕并当场移送看守所羁押时，被告人家属这才慌了神，感觉事态严重，想自己请律师为潘某某做无罪辩护。

本着律师的执业操守，辩护人向被告人家属分析了做无罪辩护的可能性：第一，虽然我国刑事诉讼确立了"疑罪从无"的原则[①]，但司法实践中每年法院判决无罪的案件屈指可数，司法机关对无罪判决是非常慎重的；第二，被告人目前被羁押的状态，降低了法院判决无罪的可能性，因为一旦法院作出无罪判决，后续必定牵涉到错误羁押的国家赔偿问题；第三，事实和法律是辩护人办理案件首要考虑的因素，在阅看公安机关收集的证据材料后，辩护人才能相对客观地分析是否有做无罪辩护的突破口和切入点；同时，辩护人也需要通过会见被告人，来确定其本人对案件的态度，毕竟辩护成功或失败的后果是由他来承担的。

（二）第一次会见被告人

由于被告人在毫无征兆的情况下被羁押，家属担心其思想上接受不了，希望辩护人能尽快会见被告人并开导他，同时家属也非常担心被告人在看守所里的身体状况，于是辩护人还没来得及去法院阅卷，便先去了看守所会见。

在看守所会见到被告人，循例问了一些程序性问题后，辩护人便直奔主题，让他详细描述一下案发当晚的事发经过，其间辩护人也穿插询问了一些细节，潘某某的陈述基本和妻子、女儿的陈述一致。而辩护人最关心的是动机：为何女儿叫他去了公婆家，身为父亲的他反而袖手旁观，吵得最凶的却是舅舅？这不合理。对此，被告人略显哽咽地解释：他们家家境不好，女儿

[①] 《中华人民共和国刑事诉讼法》第十二条规定：未经人民法院依法判决，对任何人都不得确定有罪。该条规定虽然从一定程度上吸收了英美法系无罪推定原则的精神，但并不完全一致，更多的内涵是指只有法院有权确定一个人是否"有罪"。

出生后一家三口挤在一间小房子里，晚上睡觉他都是打地铺，让妻子和女儿睡床，这样一睡就是将近 30 年。去年女儿结婚了，而且嫁得不错，他也终于可以睡回床上。所以即使女儿和公婆关系不好，他也让女儿再三忍让。他自己清楚地知道，对方是亲家，绝对不能动手，一旦撕破脸，这姻亲关系就维系不下去了。可女儿不理解，甚至还骂他"窝囊"。所以，案发那天，他虽然去了被害人家里，可依然不想造成两家人关系决裂，也就没有吵架，更没有动手。

说到这里，辩护律师通过对被告人语气、神态的察言观色，消除了一些心中的疑虑。

辩护人顺带问了被告人对赔偿谅解的意见。原以为以被告人不认罪的态度，是不考虑赔偿被害人的。没想到潘某某却说，虽然朱某某的伤不是他造成的，但考虑到自己家那么多人上门去吵，又确实给朱某某的人身造成了损害，还是愿意赔偿的。只是家里没那么多钱，如果赔偿金额在 10 万元左右，自己是能够接受的。

二、阅卷

作为一个轻伤害案件，公诉方指控的事实和递交的证据非常简单。

起诉书是这样确认相关事实的：

2016 年 12 月 30 日晚，被告人潘某某与其女儿潘某及陈某某等其他多名亲属，因潘某与亲家纠纷，共同至被害人朱某某位于本市 ×× 路 ×× 弄 × 号 ××× 室的住处讨要说法。潘某某等人发现屋内无人，遂擅自联系锁匠开锁并进入屋内。当被害人朱某某返回家中时，双方发生争执，潘某某、陈某某等人与朱某某发生肢体冲突。其间，被告人潘某某将朱某某打倒在地致其受伤。

经鉴定，被害人朱某某遭受外力作用致四肢长骨骨折累及关节面（左肱骨头骨折），构成轻伤。

认定上述事实的证据有：

（1）被害人朱某某的陈述；

（2）证人朱某甲、朱某乙、杨某某、陈某某、潘某、陈某、王某等人的证言；

（3）验伤通知书、司法鉴定意见书及被害人伤势照片；

（4）公安机关工作情况；

（5）被告人潘某某的供述与辩解等。

此外，案件在移送法院审理后，被害人朱某某还向法院提起了刑事附带民事诉讼，要求被告人潘某某赔偿其医疗费、交通费、律师费、财物损失费（被打碎的花瓶）、伙食费、后期治疗费、营养费、护理费、伤残赔偿金、精神损失费等各项费用合计超过 22 万余元；并要求被告人书面赔礼道歉。

三、辩护人在阅卷中发现的问题

就本案案发经过和损害后果来看，辩护人对起诉书指控的罪名没有异议，关键在于事实，是否有充分的证据证明被告人潘某某实施了故意伤害的行为。起诉书中列举的证据，除"验伤通知书、司法鉴定意见书及被害人伤势照片"外，所有的证据均为言词证据，没有实物证据。而案发地是在被害人家中，这种私密的环境内又没有安装监控视频设备，于是各方对于被害人是如何倒地受伤的说法陷入了"罗生门"。

（一）被害人朱某某在侦查阶段所做的 4 次陈述前后不一致

被害人朱某某的第一次笔录制作于 2016 年 12 月 31 日 5：20 — 6：05，也就是 12 月 30 日 22：30 — 23：30 被伤害并至医院就诊结束后所做的陈述。她在笔录中是这样表述的：

问：你把事情经过讲一下？

答：……随后陈某某就冲上来打我，朱某甲（被害人妹妹）看见这情况就退出房间到门外去打电话报警，陈某某用拳头打我，用脚踢我，他还拿了一把木头椅子砸我。……

问：你的伤是谁造成的？

答：应该是陈某某造成的……

而在公安机关于 2017 年 1 月 29 日 8：00 — 8：58 再次询问被害人朱某某时，朱某某突然改口：

问：你把你案发当日被打的过程再描述下？

答：……我和他们吵了没几句，他们就开始上来扭打我……后来潘某的父亲用拳头猛地击打了我肩部一下，我向后倒去，正好撞到了花架的花瓶上，然后我摔倒在地上……

问：你左臂构成轻伤的部位你是否还记得是谁造成的？

答：我觉得是潘某的父亲造成的……

对于前后两次笔录陈述得不一致，被害人朱某某向公安机关的解释称第一次做笔录的时候朱某某神志很混乱，没表达清楚。

显然，被害人这样的解释并不能说服辩护人和公诉机关，公诉人在审查起诉时同样注意到了这个疑点，认为被害人的陈述有非常严重的矛盾，要求公安机关进一步查明其前后说法不一致的原因及案发时的客观事实。

对此，公安机关在补充侦查过程中于 2017 年 10 月 12 日 14：30—15：38 再次询问被害人朱某某，其解释称因案发时殴打得最厉害的人是陈某某，所以她在第一次的询问笔录中只提及了陈某某，随着案件进展及民警释法，她知道只能追究造成她左肩骨折的人的刑事责任，而造成其左肩轻伤的人就是被告人潘某某，因此她才转而要求追究潘某某的刑事责任。

这种解释虽然看上去合理，但逻辑上依然矛盾。因为被害人在第一次笔录中已经确认了，她的伤是陈某某造成的，所以实际上被害人并没有解释对于造成其伤势的主体改口的原因。实际上，随着时间的推移，被害人对于自己曾经做过的陈述已经记忆模糊，才会凭着模糊的记忆牵强附会。

（二）证人朱某乙（被害人朱某某的姐姐）的两次证人证言前后矛盾

证人朱某乙于 2016 年 12 月 31 日 7：05—7：35 制作的第一次询问笔录中是这样说的：

问：你把事情经过讲一下？

答：……我进门的时候看见房间里有七八个人，潘某的舅舅在殴打朱某某，朱某某已经被打倒在地上了，他还拿了一把木头的椅子砸在朱某某身上……后来王某来了，把他们都赶了出去，但是潘某的舅舅没有出去，他说心脏不好，躺在了地上……

其后，在2017年1月24日15：37—16：06的询问笔录中，朱某乙对殴打的过程也改变了说辞。

问：请你把你案发当日看到的情况详细地描述下？

答：……当我乘坐电梯出来的时候，看到朱某某房屋的房门开着，她站在房间的客厅内，面朝着我，潘某的父亲背对着我，然后潘某的父亲用右拳很用力地打在朱某某的脸部还是脖子处，朱某某就背部朝后倒了下去并撞到了身后花架上的花瓶……

问：当时朱某某被打倒在地的时候，是什么部位着地的？

答：是右肩。

问：那朱某某怎么会称自己左手部很疼痛？

答：这个不清楚。

在这份证言中，对于被害人的受伤经过，朱某乙的表述和被害人后期的陈述如出一辙，可面对公安机关突然追问的细节，朱某乙显然没有临场反应能力，仓皇之中说是"右肩"着地，甚至连公安机关都觉得奇怪。

对于证人朱某乙两份证言的前后矛盾之处，公诉机关同样要求公安机关补充侦查并询问缘由，而其陈述的理由与被害人朱某某的解释大同小异。

（三）证人朱某甲（被害人朱某某的妹妹）并未看到被害人被打伤的过程，而其所作的两次证言亦有改口之处

证人朱某甲于2016年12月31日7：07—7：38所作的询问笔录中，是这样向公安机关陈述的：

问：你为何到派出所来？

答：……后来发生了争执，并打了起来，我就到楼下叫保安上去劝架并打了110报警，等我再上楼他们双方都已经打好了。

问：你姐姐的手是被谁打伤的？

答：那时我已经下楼叫保安，我没有看见。

其后，当公安机关于2017年1月24日14：00—15：07向证人朱某甲取证时，证人的证言又转变为：

问：请你把案发当日你看到的经过详细描述下？

答：……我看对方气势汹汹，担心出事情，就跑到门外拨打110电话，还走到楼下保安亭那里叫小区保安帮忙……过了十多分钟后，我进入房间，当时我姐姐朱某某和她丈夫已经在房间的客厅里了，我姐姐朱某某躺在客厅的花架边，一个花瓶也已经碎了，我姐姐朱某某用右手搂着左手说不能动了。

问：当时你姐姐在现场有没有指证是谁造成她的伤势的？

答：朱某某对我说潘某某一拳打到她左手，她摔到花架上。

……

问：关于潘某某击打朱某某的情况你有没有亲眼看到？

答：没有，关于朱某某被打的情况，都是她亲口告诉我的。

这份证人证言属于传来证据，证人并没有目击被害人受伤的过程，而其对于被害人朱某某在现场就指证是被告人潘某某打伤的说辞明显不可信，因为被害人朱某某本人向公安机关所做的第一次陈述即已表示是陈某某将其打伤的，而不是潘某某。证人朱某某如此作证的目的，无非为了契合转变后的被害人朱某某的陈述和证人朱某乙的证言。

（四）公安机关未在第一时间向证人杨某某（证人朱某乙的丈夫）采证

在调阅到的案卷中，辩护人并没有看到公安机关在案发后第一时间向证人杨某某取证的笔录，而是在公诉机关退回补充侦查后，公安机关才于2017年10月16日14：00—14：45询问证人杨某某，其在该份笔录中对案

发经过所做的陈述与证人朱某乙出奇的一致，并指认是被告人潘某某将被害人打伤的。

（五）证人陈某某、潘某、陈某的证言均未指认被告人将被害人打伤的事实

对于冲突发生时，被告人潘某某的活动状态、潘某某一方家属的证言均未明确指认潘某某实施了殴打被害人朱某某的行为。

证人潘某（潘某某女儿）在 2016 年 12 月 31 日 2∶06—3∶00 的询问笔录中称："我因怀孕躲在旁边，我爸爸在旁边保护我。"这也是证人潘某仅有的一次证言。

证人陈某（潘某某妻子）在 2016 年 12 月 31 日 4∶31—5∶10 的询问笔录中对于冲突的经过，称："我哥哥陈某某和侄女将亲家朱某某推开，朱某某就用手抓陈某某的脸部，陈某某就打了朱某某一记耳光，他们三人就拉起来。"当公安问及其丈夫潘某某是否参与时，证人陈某明确回答没有。

在被告人潘某某家属一方的证言中，只有证人陈某某的证言语焉不详。不知道出于什么原因，公安机关并未在案发后第一时间询问陈某某，从其他各方的笔录中推断，当晚事发后陈某某心脏病突发去了医院，或许这是公安机关未能采集证言的原因。可在辩护人看来，这理由并不充分：被害人朱某某的伤情也很严重，而她却能在就诊空隙时间内向公安说明情况，证人陈某某的疾病情况应该还不至于严重到影响作证的程度。证人陈某某未能在案发第一时间作证，一来体现出陈某某内心恐惧，因害怕自己要承担责任而逃避作证；二来也体现出公安机关办案中的瑕疵，在那么多人指证陈某某动手和吵得最凶的情况下，没有及时固定证据。

公安机关第一次给陈某某做询问笔录已经是 2017 年 1 月 10 日了。

问：你把事情经过讲一下？

答：……潘某的婆婆回来了，她来之后就和潘某吵了起来，还在推潘某，我们就把她劝开，后来潘某婆婆的姐姐和妹妹都来了，她们来了之后就

把我们家里人都赶出去，然后就动手打我，当时我是一个人……

问：你是否动过手？

答：我就拉过潘某婆婆的头发，因为她抓我的脸。

……

问：你有没有打过潘某的婆婆？

答：我肯定没有。

问：你看见谁动手打过她？

答：我没看见，后来我看见她倒在地上，但是怎么倒下的，我不知道。

这里就有一个疑问，如果陈某某仅是拉过被害人朱某某的头发，为何当朱某某的家人到了之后，唯独将陈某某一人留在房内，而不是将造成被害人伤害的潘某某留在房内？也许，陈某某是害怕受到刑事处罚而否认自己打人的行为；也许，他留在房内并不是被害人朱某某家人的刻意而为，而是其心脏病突发自己倒地的，而他身上的伤也不是被独自留在房内时造成的。可刑事案件不允许有"也许"，刑事案件证据的证明力必须达到排除其他一切可能性的要求，从证据反映的事实只有"唯一"一种可能。

再后来，证人陈某某的证言也有了变化。当公安机关于 2017 年 5 月 11 日 16：07—18：09 再次对其进行询问的时候，他说：

答：……我的脸被朱某某抓破了，流了很多血。潘某的父亲潘某某就上去找朱某某理论，我看见朱某某打了潘某某一记耳光，潘某某推了朱某某一下……当时场面很乱，在这过程中，我隐约看见朱某某倒在客厅的墙边，谁推倒朱某某的，我也不知道……

问：你是否知道朱某某是怎么倒在地上的？

答：当时场面很乱，我不知道。

问：你对朱某某是否动过手？

答：我没有。

问：你在此冲突过程中是否动手打过其他人？

答：我从头到尾没有动过手。

对于被告人潘某某是否殴打被害人朱某某致其受伤一节事实，如果被害人及其家属一方与被告人及其家属一方两种截然相反的陈述，或许可以认为是各帮一方，那陈某某的证言却成了办案机关认定被告人潘某某实施伤害行为的关键证据。因为根据常规的办案逻辑，自己一方的证人所做的对自己有利的证言，办案机关不一定会采信，可自己一方的证人所做的对自己不利的证言，办案机关是一定会采信的。

（六）被害人一方的证人王某（证人朱某乙的女婿）的证言有利于被告人

公安机关于 2016 年 12 月 31 日 6：32—6：55 对证人王某所做的询问笔录中，关于证人目击到的事发经过，是这样陈述的：

问：你把事情经过讲一下？

答：……我进门的时候看见朱某某被一个男的在殴打，我父母和朱某某在和对方吵……

问：殴打朱某某的是谁？

答：是一名男子，民警来了之后，他还躺在地上说有心脏病。

多方的证人证言显示，案发后突发心脏病的人正是陈某某，而这份笔录也是证人王某作证的唯一一份笔录。在 2017 年 1 月公安机关向其他证人采集证言时，并没有王某的证言，哪怕在公安的补充侦查过程中，都没有再找王某作证。王某是被害人朱某某姐姐的女婿，与被害人的亲属关系较远，年龄更轻。辩护人推断，王某或许是不愿违背良心作证，才没有更多的证言。在本案中，他或许能属于一个相对客观的第三方，如果在开庭时向法庭申请证人王某出庭作证，或许他能说出一些有利于被告人的话，哪怕没有达到预想的结果，辩护人也能通过当庭询问证人一些细节，来质疑其他证人证言的可信度。

（七）验伤通知书

案发后，公安机关仅向被害人朱某某和证人陈某某开具了验伤通知书。验伤结果显示，被害人朱某某除左肱骨近端骨折外，头面部亦有伤害；陈某某诊断为外伤、软组织损伤，其余则为自身疾病。如果按照陈某某的证言，被告人潘某某亦参与到殴打中的话，那潘某某身上应该也有伤才对，可并未阅见潘某某的验伤通知书。生怕被告人潘某某主动放弃验伤，在之后的会见中，辩护人特意询问了其受伤情况，其表示因未参与殴打，完全无伤，故未验伤。但仅凭这点还不足以证明被告人未实施任何伤害行为。

（八）公安机关已无法联系证人陈某某

公安机关在退回补充侦查过程中出具"情况说明"，行文内容表明，公安机关通过公安系统内登记的手机号及陈某某自行提供的手机号，已无法联系陈某某，手机号已是空号，到陈某某的户籍地查找亦查找不到本人，通过证人陈某联系陈某某，也无法联系。

在辩护人看来，陈某某已"畏罪潜逃"了。当然，公安机关如果真要找一个人，是不可能找不到的。

（九）被告人始终否认自己打伤被害人朱某某

公安机关一共给被告人做过 7 次笔录，2016 年 12 月 31 日 4：35—5：08 的第一次笔录和 2017 年 3 月 29 日 10：05—11：20 的第二次笔录为"询问笔录"，从 2017 年 5 月 31 日起之后的 5 次笔录为"讯问笔录"。在这 7 次笔录中，公安机关少有地没有对笔录进行"复制、粘贴"，而被告人的供述和辩解也很"稳定"：没有伤害被害人朱某某。

在 2017 年 7 月 6 日 9：30—10：01 所做的最后一次笔录中，有个细节引起了辩护人的注意。当公安机关告知被告人已无法联系陈某某，希望被告人协助寻找以便进一步核实被告人的辩解时，被告人称自己也联系不到；公安机关希望被告人的妻子陈某、女儿潘某再次到公安机关作证反映案发时的情况，被告人又推脱女儿得了精神疾病，妻子陪同女儿就医，没有时间来作证。这个"老实"的被告人，虽然心中不服，却也不愿再去牵扯到别人了。

四、辩护策略的确定

阅卷之后发现有那么多疑点，基本打消了辩护人第一次约见家属之后的怀疑。从公安机关收集的这些证据，辩护人认为并不足以认定被告人潘某某有故意伤害被害人的行为，辩护人有信心为被告人做无罪辩护，但辩护人也要把后果告知给当事人和家属，于是辩护人再次约见了被告人的妻子和女儿。

在向被告人家属分析了案件的事实和证据后，辩护人向她们告知辩护方案：由于在案定罪依据主要都是言词证据，而被告人及家属又无法提供反证或证据线索，所以辩护人会向法庭申请所有到公安机关作过证的证人出庭，通过现场询问证人，找到证言中相互矛盾的地方，降低法庭对证人证言的可信程度，特别是陈某某，务必请家属联系并到庭作证；如果有必要，辩护人将申请法庭对被告人、被害人进行测谎，以显示何方的言词证据更可信。本案的辩护唯有把辩护人对案件的疑点充分展示给审理本案的法官，才有可能有所突破。

当然，辩护人还要告知被告人及其家属关于诉讼的风险：

（1）证人当庭质证、测谎等只是手段，究竟结果会怎么样，谁都无法预料，有可能起到反作用；

（2）由于被告人始终坚持自己无罪，法官有可能会认定被告人潘某某的认罪态度不诚恳、没有悔罪表现，如果无罪辩护没有成功，量刑可能会比认罪更重，且无法缓刑；

（3）如果无罪辩护成功，从在案的证据来看，陈某某则有可能会被追究刑事责任。

鉴于此，辩护人预测了三种结果：

一是判决有罪并量刑，刑罚的执行方式可争取缓刑；

二是判决无罪，继而申请国家赔偿，但面临着用陈某某去做"交换"的可能；

三是基于目前被告人潘某某被羁押的状态，法院判决有罪但免于刑事处罚。

看得出，家属陷入了两难。判潘某某有罪，家属心里肯定觉得冤枉，也担心被告人潘某某在看守所顺不下气；判无罪，又要对不起另一名家属。考虑再三，家属最终决定息事宁人，不要求证人出庭作证，不要求测谎。辩护目标从无罪转变为人身自由不受限制，争取定罪免罚，就非常满意了。

接着，辩护人去看守所把辩护人对案件的分析跟被告人又说了一遍，问他如何考虑。他说，都听妻子的。辩护人告诉他，开庭的时候，法官、检察官问什么就答什么，如实陈述就好，注意一下说话的语气就行。

五、庭前准备

（一）关于赔偿

辩护律师和办案部门之间的沟通是必不可少的。辩护人在去法院阅卷时就和承办法官沟通过被告人的态度，承办法官不置可否，只是希望能够让被告人家属在开庭前帮着把赔偿款付给被害人。

不管这个案件的辩护策略和辩护目标如何变化，对被告人来讲，赔偿被害人损失并取得谅解对他没什么坏处。可难就难在被害人一方"不差钱"，十几万元的赔偿款在被害人眼里可有可无，而对被告人一方来讲，则已经倾其所有了。在这一点上，要非常感谢本案的承办法官。承办法官和被害人一方不断沟通，终于说服了被害人朱某某（尤其是朱某某的丈夫）接受 12 万元的赔款数额，比他们先前要求的数额降低了一半。按照被害人的伤残等级鉴定，被害人朱某某构成十级伤残，伤后可予以休息 120 日、营养 60 日、护理 60 日；二次手术取内固定，可另予休息 60 日、营养 30 日、护理 30 日；再加上被害人的医疗费 4 万余元和花瓶等其他财产损失，如果被告人想争取较轻的量刑，这点赔偿款是远远不够的。

签和解笔录那天，承办法官特意让双方分开签署，生怕再生枝节。辩护人向承办法官表达了希望能在笔录中确认被害人对被告人予以谅解的内容，可惜没能如愿，被害人始终不愿表示谅解。辩护人向承办法官表示了辩护人的顾虑，承办法官称会考虑赔偿这节事实的。

（二）关于认罪

由于被害人在和解那天撤回了刑事附带民事诉讼，于是案件的审理就主要围绕刑事部分展开。辩护人在庭前和承办法官初步沟通了辩护人对案件的看法，尤其是被害人陈述和证人证言存在的前后变化，想探探法官的意见。可囿于案件尚未开庭，法官也不能多说什么，只让辩护人在开庭时尽量发表意见，看公诉人怎么回应，并让辩护人叮嘱被告人，开庭时态度好一点。

到这里，辩护人感觉案件在往好的方向发展。

六、开庭及辩护意见

开庭时，辩护人先对起诉书查明的事实部分提出异议：

（1）没有证据显示被告人潘某某等人到被害人住处去是为了"讨要说法"的，他们是陪女儿潘某去收拾衣物的；

（2）被告人潘某某及其女儿潘某等人回到婚房前并不知道家中无人，更无法预料被害人朱某某会先行回家并继而对其实施伤害行为，本案案发具有偶然性；

（3）被害人朱某某倒地摔伤不假，但没有证据证明是被告人潘某某将其"打倒在地"的。

在庭审质证环节，辩护人按照前文中所提到的疑点和想法，对被害人陈述、各方的证人证言、被告人供述和辩解及验伤通知书等逐一进行质证，并向法庭强调，像本案这样的突发性的、无预谋的伤害案件，各方当事人在第一时间所做的陈述更接近事实真相。因为案发突然，当事人在做笔录的时候还来不及多想，但随着时间的推移，难免当事人会掺杂一些个人目的而改变原有的陈述。

在第一轮的庭审辩论中，公诉机关按照事先准备的意见娓娓道来，无非认为被告人等人擅自找锁匠开锁进入被害人屋内有明显的过错，有多名证人指认被告人潘某某动手殴打了被害人并致其倒地受伤，被害人的伤势已达刑事追诉标准，按照被告人到案后的表现应该给予的量刑，等等；辩护人则从被告人的犯罪主观故意角度和证据角度进行详细阐述，特别是证人王某仅有的一次笔录，当中明确载明其目击殴打被害人的是陈某某。不出所料，在第二轮辩论中，公诉机关抓住证人陈某某的笔录说事，并认为在案证据足以认定犯罪事实；而辩护人则在重复强调了本案存在的疑点之后，直接要求法庭按照《刑事诉讼法》第一百九十五条①第三项的规定，判决被告人潘某某无罪。

【判决结果】

法庭判决被告人潘某某犯故意伤害罪，免予刑事处罚。

【律师心得】

一、关于辩护人与被告人的信任基础

刑事案件辩护人和犯罪嫌疑人、被告人之间的信任非常重要。辩护律师是那些被羁押在看守所的犯罪嫌疑人、被告人唯一能够可以和家属联络的桥梁，辩护律师从一定程度上影响了犯罪嫌疑人、被告人今后的人身自由限制状态，所以如果没有一定的信任基础，是无法全面、整体、客观地分析案情的。

就像本案的被告人潘某某，他在被羁押以前由法院通过法律援助中心指派了辩护人，可由于沟通不顺畅，导致信息不对称，被告人及家属对案情走向作出了错误的预判，甚至使被告人身陷囹圄，实在有点可惜。

所以作为辩护人，如何与当事人及家属沟通、如何取得他们的信任是门学问。一名好的辩护人，首先要以能够帮到委托人为自己的初衷，从事实、证据和法律上尽自己最大的努力争取最好的结果。

---

① 该案判决于《刑事诉讼法》2018年修正以前，现为《刑事诉讼法》第二百条：在被告人最后陈述后，审判长宣布休庭，合议庭进行评议，根据已经查明的事实、证据和有关的法律规定，分别作出以下判决：①案件事实清楚，证据确实、充分，依据法律认定被告人有罪的，应当作出有罪判决；②依据法律认定被告人无罪的，应当作出无罪判决；③证据不足，不能认定被告人有罪的，应当作出证据不足、指控的犯罪不能成立的无罪判决。

二、关于委托辩护人的时间

很多犯罪嫌疑人、被告人及其家属都认为，刑事案件都是办案部门说了算，就算找律师也要找那种"有关系"的，甚至很多不做刑事案件的律师也有这样的误解，所以很多案件的犯罪嫌疑人、被告人不到万不得已都不会想要委托辩护律师。

可事实并非如此。正如本案被告人，如果他能在检察院审查起诉阶段，甚至是公安阶段就委托律师为其提供帮助、指导刑事诉讼的进程，案件甚至都可能不会进入审判，律师或许能为其争取更好的结果。

三、关于证据

在公安侦查阶段辩护人是无法阅卷的，直到审查起诉时才能向检察院申请阅卷。那时，公安机关的笔录都已经制作完毕了。可从辩护人的执业经验来看，公安的笔录其实有非常多的漏洞或瑕疵，对细节的关注度有限。有时候公安笔录的不完善，甚至会导致被告人的自首情节无法被法院认定。

在本案中，如果公安机关在第一时间给被害人朱某某及证人所做的笔录能够多固定一些细节，那么被害人等人就没有改口的机会了。如果在被害人改口后，公安机关能够再多问一些细节，使得被害人陈述与证人证言无法匹配的话，也不至于使被告人面临这样的后果。毕竟公安机关除了需要收集有罪证据，还应当收集犯罪嫌疑人、被告人无罪、罪轻的证据。

因此，从辩护律师的角度出发，深入研究证据、分析笔录内容是可以为被告人找到有利的辩护路径的。

四、辩护律师的工作并不仅限于庭审

就辩护人来说，开庭只占辩护人工作量很小的一部分，辩护律师工作的重点其实在庭前。会见当事人、阅卷、分析案情、研究切入点、确定辩护策略、与办案部门交换意见等，从某种程度来讲，比开庭重要得多。在本案的庭审过程中，辩护人并没有咄咄逼人，而是条理清晰地把案卷反映的事实一五一十地呈现在法官面前，让法官产生同理心。法官、检察官虽然是理性地审理每一起案件，但他们也有自己的人生阅历，辩护律师把法官争取为自己的"队友"，好过把法官推到对立面。

五、辩护方案的确定有时会受限于当事人及其家属

作为被告人利益的代言人，辩护人会不惜一切代价为当事人辩护，可有时辩护人不得不放弃最佳的辩护方案。正如本案当中，辩护人有信心为被告人潘某某做无罪辩护，可辩护成功的代价是牺牲另一名家属的人身自由。在这样的情况下，辩护人必须征求当事人及其家属的意见，并放弃了最佳方案，而采用保守的方式进行辩护。

从这个案件中，辩护人也总结出一个结论，做辩护律师，不能仅仅就案论案，分析案件必须有大局观。

【法律链接】

《中华人民共和国刑法》

第二百三十四条 故意伤害他人身体的，处三年以下有期徒刑、拘役或者管制。

犯前款罪，致人重伤的，处三年以上十年以下有期徒刑；致人死亡或者以特别残忍手段致人重伤造成严重残疾的，处十年以上有期徒刑、无期徒刑或者死刑。本法另有规定的，依照规定。

第三十七条 对于犯罪情节轻微不需要判处刑罚的，可以免予刑事处罚，但是可以根据案件的不同情况，予以训诫或者责令具结悔过、赔礼道歉、赔偿损失，或者由主管部门予以行政处罚或者行政处分。

《上海市高级人民法院〈关于常见犯罪的量刑指导意见〉实施细则》[沪高法（审）〔2014〕2号]

第二章　分则

……

第二节　故意伤害罪

一、法定刑在三年以下有期徒刑、拘役或者管制幅度的量刑起点和基准刑

1. 故意伤害致一人轻伤一级的，在一年至二年有期徒刑幅度内确定量刑起点，致一人轻伤二级的，在六个月拘役至一年有期徒刑幅度内确定量刑起点。

2. 在量刑起点的基础上，可以根据伤害后果等其他影响犯罪构成的犯罪事实增加刑罚量，确定基准刑。有下列情形之一的，增加相应的刑罚量：

（1）每增加一人轻微伤，增加一个月至三个月刑期；

（2）每增加一人轻伤一级，增加六个月至一年刑期；每增加一人轻伤二级，增加三个月至六个月刑期；

（3）其他可以增加刑罚量的情形。

故意伤害致人轻伤的，伤残程度可在确定量刑起点时考虑，或者作为调节基准刑的量刑情节。

二、法定刑在三年以上十年以下有期徒刑幅度的量刑起点和基准刑

1. 故意伤害致一人重伤一级的，在四年至五年有期徒刑幅度内确定量刑起点；致一人重伤二级的，在三年至四年有期徒刑幅度内确定量刑起点。其中，造成被害人六级残疾的，以有期徒刑五年为量刑起点。

2. 在量刑起点的基础上，根据伤害后果、伤残等级等其他影响犯罪构成的犯罪事实增加刑罚量，确定基准刑。有下列情形之一的，增加相应的刑罚量：

（1）每增加一人轻微伤，增加一个月至三个月刑期；

（2）每增加一人轻伤一级，增加六个月至一年刑期；每增加一人轻伤二级，增加三个月至六个月刑期；

（3）每增加一人重伤一级，增加二年至三年刑期；每增加一人重伤二级，增加一年至二年刑期；

（4）每增加一级普通残疾（10到7级）的，增加三个月至六个月刑期；每增加一级严重残疾（6到3级）的，增加六个月至一年刑期；每增加一级特别严重残疾（1到2级）的，增加一年至三年刑期。

三、法定刑在十年以上有期徒刑幅度的量刑起点和基准刑

1.以特别残忍手段致一人重伤，造成六级严重残疾的，在十年至十三年有期徒刑幅度内确定量刑起点。依法应当判处无期徒刑以上刑罚的除外。

2.在量刑起点的基础上，根据伤害后果、伤残等级、手段的残忍程度等其他影响犯罪构成的犯罪事实增加刑罚量，确定基准刑。有下列情形之一的，增加相应的刑罚量：

（1）每增加一人轻微伤，增加一个月至三个月刑期；

（2）每增加一人轻伤一级，增加六个月至一年刑期；每增加一人轻伤二级，增加三个月至六个月刑期；

（3）每增加一人重伤一级，增加二年至三年刑期；每增加一人重伤二级，增加一年至二年刑期；

（4）每增加一级普通残疾（10到7级）的，增加三个月至六个月刑期；每增加一级严重残疾（6到3级）的，增加六个月至一年刑期；每增加一级特别严重残疾（1到2级）的，增加一年至三年刑期。

四、有下列情形之一的，可以增加基准刑的20%以下，但同时具有两种以上情形的，累计不得超过基准刑的100%：

1.持凶器实施伤害行为的；

2.雇佣他人实施伤害行为的；

3.因实施其他违法活动而伤害他人的；

4.报复伤害的；

5.有预谋伤害的；

6.其他可以增加基准刑的情形。

五、有下列情形之一的，可以减少基准刑的 20% 以下：

1. 因婚姻家庭、邻里纠纷等民间矛盾激化引发且被害人有过错或对矛盾激化负有责任的；

2. 犯罪后积极抢救被害人的；

3. 因义愤而伤害他人的；

4. 其他可以减少基准刑的情形。

六、需要说明的事项

使用以下手段之一，使被害人具有身体器官缺损、器官明显畸形、身体器官有中等功能障碍、造成严重并发症等情形之一，且残疾程度在六级以上的，可以认定为"以特别残忍手段致人重伤造成严重残疾"：

（1）挖人眼睛，割人耳、鼻，挑人脚筋，砍人手足，剜人髌骨；

（2）以刀划或硫酸等腐蚀性溶液严重毁人容貌；

（3）电击、烧烫他人要害部位；

（4）其他特别残忍手段。

14. 施某虚开增值税专用发票、职务侵占案[①]

邹 伟[*]

辩护切入点

利用牵连犯刑罚规则为当事人展开辩护，在案子未进入法院前即将二罪并一罪，为庭审辩护打下基础。

【案情简介】

公诉机关指控罪名和事实如下：

一、指控事实

被告人张某于 2009 年 7 月开始担任民营企业甲公司采购人员，负责联系供应商报价、跟踪订单等。2014 年 1 月至 2016 年 3 月，张某利用职务便利，在被告人施某、张某 1、倪某的同意和配合下，虚增甲公司与相关公司的业务订单，并设法使相关公司多开收款发票，从而蒙骗甲公司向上述公司支付不必要的应付货款；再通过施某、张某 1、倪某，从相关公司处套取上述货款予以侵吞，为此还向相关公司支付了一定比例的"开票费"。具体分述如下：

---

* 邹伟，本科毕业于北京大学，2012 年获上海交通大学法学硕士学位，上海邦信阳中建中汇律师事务所合伙人，上海市律师协会刑事合规业务委员会委员。

① 本案辩护律师为邹伟，提供法律服务期间为侦查阶段至一审判决。

（1）2014 年 1 月至 12 月，被告人张某利用职务上的便利，在被告人施某的同意和配合下，采用上述手法，在甲公司与乙公司的业务往来中，虚增甲公司应付货款，套取后予以侵吞，同时向乙公司支付了 17%~20% "开票费"。

（2）2015 年 1 月至 2016 年 2 月，被告人张某利用职务上的便利，在被告人施某的同意和配合下，采用上述手法，在甲公司与丙公司的业务往来中，虚增甲公司应付货款，套取后予以侵吞，同时向丙公司支付了 17% 的"开票费"。

（3）2015 年 7 月至 2016 年 3 月，被告人张某利用职务上的便利，在被告人张某 1 的同意和配合下，采用上述手法，在甲公司与丁公司的业务往来中，虚增甲公司应付货款，套取后予以侵吞。张某为此通过张某 1 向丁公司支付了 30% 的"开票费"；而实际上张某 1 仅向丁公司支付了 12% 的"开票费"，差额部分由张某 1 个人占有。

（4）2015 年 3 月至 2016 年 2 月，被告人张某利用职务上的便利，在被告人倪某的同意和配合下，采用上述手法，在甲公司与戊公司的业务往来中，虚增甲公司应付货款，套取后予以侵吞，同时向戊公司支付了 17% 的"开票费"。

被告人张某将侵吞的公司钱款用于个人消费及归还债务等。

2017 年 1 月 4 日，被告人张某主动至公安机关投案，并如实供述上述事实。另在案发前，张某在其亲属帮助下已先行退赔甲公司 40 万元。

2017 年 2 月 14 日，被告人施某、倪某、张某 1 主动至公安机关投案。到案后，倪某如实供述上述事实；张某 1 起初存在辩解，后基本能够如实供述；施某辩称在 2015 年 6 月之前，其缺乏与张某职务侵占的共同犯罪故意。

二、指控罪名

据此，控方指控施某涉嫌与张某形成共同故意，构成职务侵占罪，本辩护人接受委托为施某辩护。

【办理过程】

一、辩护人与当事人沟通的情况及采取的辩护策略

（一）通过和当事人的会见后，辩护人所归纳的基本事实

经与被告人施某进行沟通，辩护人归纳以下事实：

2014 年至 2016 年，施某作为丙公司法定代表人同时兼任乙公司业务员，为承接甲公司的印刷业务，在甲公司业务员张某要求下，在实际交易额约 150 万元的情况下，分别通过丙公司和乙公司向甲公司开具增值税发票合计约 240 万元，涉嫌虚开增值税专用发票票面金额约 90 万元。

（二）申请变更强制措施

在侦查阶段，公安机关将施某刑事拘留并就施某涉案行为向检察机关报捕。辩护人及时跟进案件进展，在检察机关收到公安机关报捕材料的次日，就将申请变更强制措施的书面意见及时提交承办人，向检察机关申请召开批捕听证。检察机关及时审查了涉案材料并采纳了辩护人的建议，召开了批捕听证会，辩护人在听证会上就所了解到的基本事实和理由陈述如下：

犯罪嫌疑人施某采用虚开增值税专用发票的手段为他人套取本属于甲公司的资金，且数额巨大，其行为已涉嫌职务侵占罪，但基于下述理由可对其采取取保候审而非监禁强制措施。

（1）犯罪嫌疑人施某采用让乙公司和丙公司虚开增值税专用发票的手段为张某套取本属于甲公司的资金，但施某及乙公司、丙公司均未从中获利，也未实际造成国家税款流失，虚开的手段行为和侵占公司财物的目的行为构成牵连关系，本案应当以犯罪嫌疑人的主观目的即非法侵吞公司财物来定性。

（2）施某为维系乙公司、丙公司与甲公司在印刷方面的业务合作，在张某个人对甲公司印刷业务供应商有决定权的情况下，听命于张某的指挥，未意识到实施涉案行为的法律后果，事后也未从张某处获取任何好处，施某本

人主观上并无利用虚开增值税专用发票骗取国家税款的主观故意。

（3）本案的开票主体是乙公司和丙公司，施某也是为了维护两家公司的利益（拓展公司业务）才配合张某实施涉案行为，若构成虚开增值税专用发票罪，则应属单位犯罪。

（4）施某利用虚开增值税专用发票为张某从甲公司套取资金，丙公司和乙公司是受命于张某虚开增值税专用发票，施某在本案犯罪过程中的作用明显要小于张某，属于从犯。

（5）施某在尚未被公安机关采取强制措施前，就能够自动投案并如实供述涉案事实，依法应予认定自首。

（6）根据听证会所讨论的内容，本案犯罪事实已基本查明，犯罪嫌疑人均作了相对稳定的有罪供述，对其变更强制措施为取保候审不会再产生串供、毁灭伪造证据等有碍侦查的情形。

（7）施某在2015年4月生下双胞胎，现在两个孩子尚不足2周岁，施某的父母都远在外地，平时都靠施某照料，从保护未成年人角度而言，变更强制措施合情合理。

综上，辩护人认为本案是一起利用虚开增值税专用发票为他人套取公司资金的案件，犯罪嫌疑人施某作为涉案单位的主要负责人员，应当依法承担相应责任。但考虑到施某是在张某教唆下实施了涉案行为，且未实际获利，也未造成国家税款流失，事后也采取了一定的补救措施，应予认定为从犯，且情节较轻，事后能够积极配合侦查机关的调查，不存在串供、干扰证人作证以及伪造、毁灭证据等妨碍刑事诉讼活动的情形，同时具备自首情节，并愿意积极赔偿被害人损失，且为初犯、偶犯，尚未造成严重后果，对其变更强制措施为取保候审不致发生社会危险，另为了其能够亲自照顾不足两周岁的两名幼儿，保护未成年人身心健康，故建议检察机关对犯罪嫌疑人施某采取取保候审的非监禁强制措施。

经听证，检察机关不予批准逮捕，施某得以取保候审。

二、辩护人在阅卷中发现的问题

（一）对公安机关在"起诉意见书"中认定被告人施某构成职务侵占罪不持异议

（1）本案主犯张某利用其担任甲公司负责具体对接印刷业务的职务便利，采用要求供应商虚开增值税专用发票的手段以达到侵吞甲公司财产的目的，且数额巨大，对张某应按职务侵占罪定罪处罚。

（2）对张某的上述犯罪行为，施某从行为开始实施时就是明知的。这从施某本人最初的供述，同案被告人张某的供述及证人陈某、周某等人的证言中可以得到印证。

（3）在案证据显示虚开增值税专用发票只是手段，套取甲公司财产才是目的。据刑法理论，对于出于一个犯罪目的，实施数个犯罪行为，数个行为之间存在手段与目的或者原因与结果的牵连关系，属于牵连犯。对于牵连犯，除我国刑法已有规定的外，应择一重罪处罚。本案中，施某虚开增值税专用发票的行为与职务侵占的行为分别属于手段行为和目的行为，两个行为分别属于我国刑法理论中的"竞合论"，两个行为之间具有直接的关联关系，符合牵连犯的刑法理论，依法应当择一重罪论处。

（4）本案是一起共同犯罪，根据刑法关于共同犯罪量刑原则的规定，当前最普遍的说法是"主犯决定说"，即以主犯的基本特征决定共同犯罪的基本特征。在本案中，施某属于从犯，在共同犯罪中从犯所起的作用和社会危害性比主犯小，从犯承担的刑事责任也应当比主犯轻，并应当根据从犯参与犯罪的性质、情节及其在共同犯罪中所起的作用等具体情况从轻处罚，或者减轻处罚或免除处罚。

（二）对施某涉嫌虚开增值税专用发票犯罪事实的认定，存在事实不清、证据不足的问题

辩护人阅卷时发现，侦查机关在向检察机关移送案件时，针对施某认定的罪名除职务侵占罪以外，还有虚开增值税专用发票这一罪名，辩护人为此

与检察机关进行了沟通，并成功促使公诉机关在向法院起诉时去掉了虚开增值税专用发票罪这一罪名：

（1）施某是丙公司和乙公司业务员，丙公司和乙公司是本案的开票单位，施某无法通过所开发票为丙公司和乙公司实现偷逃税款的目的，在案证据无法证明施某具有偷逃国家税款的主观故意。

（2）施某冒着刑事犯罪之风险虚开增值税专用发票却没有获得手续费或其他直接利益，不符合虚开型犯罪特征。

（3）假设构成虚开增值税专用发票犯罪，鉴于本案的开票主体是丙公司和乙公司，受票主体是甲公司，对施某的追诉也应以单位犯罪的成立为前提，以自然人犯罪追究施某等人显属不当。

（4）侦查机关委托上海司法会计中心出具的鉴定意见未对施某所涉及的虚开税额作出认定，考虑到涉案单位在领取增票时可能预交一部分增值税，侦查机关直接以虚开的票面金额的 17% 计算虚开税额，属于事实不清。

三、辩护策略及庭审辩护意见

首先，被告人及其辩护人对起诉书指控施某犯职务侵占罪的事实、罪名均无异议。其次，在量刑情节上，辩护人提出施某是自首且系从犯，积极退赔违法所得，并已取得了被害单位谅解，据此请求对施某从轻或者减轻处罚并宣告缓刑。

（一）罪名认定

在案证据显示，被告人施某在张某的主动要求下，利用虚开增值税发票的方式套取被害单位公司财产。实际虚开增值税专用发票只是手段，套取公司财产才是目的。据刑法理论，虚开和侵占两个行为之间应属于牵连关系，应择一重处罚，因此，施某的行为应以职务侵占罪认定，并依法承担相应责任。

（二）量刑建议

1. 施某应认定自首

一般自首成立的条件：一是"自动投案"；二是"如实供述自己的罪行"。

根据《关于处理自首和立功具体应用法律若干问题的解释》第一条的规定，如犯罪嫌疑人自动投案并如实供述自己的罪行后又翻供的，不能认定为自首，但在一审判决前又能如实供述的，则仍视为自首。在本案中，被告人施某犯罪以后自动投案，如实供述了主要犯罪事实，后对部分犯罪事实翻供，但在一审宣判前又能如实供述，仍可认定为自首。

2.施某应按从犯论处

我国刑法中的从犯分为两种：第一，在共同犯罪中起次要作用的犯罪分子，虽然直接实行具体犯罪构成客观方面的犯罪行为，但在整个犯罪活动中其作用居于次要地位的实行犯。这种情形的从犯既可以存在于犯罪集团中，也可以存在于其他一般的共同犯罪中。第二，在共同犯罪中起辅助作用的犯罪分子，未直接实行具体犯罪构成客观方面的犯罪行为，而是为共同犯罪的实施创造条件、辅助实行犯罪的人。

本案系共同犯罪，被告人张某起主要作用，系主犯，依法应当按照其所参与的全部犯罪处罚。张某利用其职务便利，对施某施压，迫使施某配合开票，二人主从关系明显，对施某应予认定从犯，被告人施某起次要或者辅助作用，依法应当从轻处罚。

3.积极退赔违法所得并取得被害单位谅解

根据《刑事诉讼法》第二章"当事人和解的公诉案件诉讼程序"第二百八十八条规定，下列公诉案件，犯罪嫌疑人、被告人真诚悔罪，通过向被害人赔偿损失、赔礼道歉等方式获得被害人谅解，被害人自愿和解的，双方当事人可以和解：①因民间纠纷引起，涉嫌刑法分则第四章、第五章规定的犯罪案件，可能判处3年有期徒刑以下刑罚的；②除渎职犯罪以外的可能判处7年有期徒刑以下刑罚的过失犯罪案件。犯罪嫌疑人、被告人在5年以内曾经故意犯罪的，不适用本章规定的程序。本案中施某在案发后向被害单位退赔了违法所得，并取得被害单位的谅解，依法可从轻、减轻处罚并宣告缓刑。

综上，对施某犯罪行为应以职务侵占罪一罪认定，同时在量刑情节上，施某主动检举揭发本案，能够积极配合提供材料且如实供述犯罪事实，应予认定自首；施某作为共同犯罪中的从犯，积极退赃，且被害单位提供了获得退赔的收条和"刑事谅解书"，已取得被害单位谅解。基于以上法律规定和综合本案考虑犯罪性质、赔偿数额、赔偿能力以及认罪、悔罪程度等情况，辩护律师主张审判机关对施某减轻处罚，在法定刑以下量刑并适用缓刑。

【判决结果】

法院认为，被告人张某身为公司人员，以非法占有为目的，利用职务上的便利，分别与被告人施某、张某1、倪某共谋，共同将本单位财物非法占为己有，其中被告人张某参与侵占财物数额巨大，施某、张某1、倪某参与侵占财物数额较大，其行为均已构成职务侵占罪，依法应予惩处。公诉机关指控的罪名成立。

本案系共同犯罪，被告人张某起主要作用，系主犯，应当按照其所参与的全部犯罪处罚；被告人施某、张某1、倪某起次要或者辅助作用，依法应当从轻处罚，采纳施某、张某1、倪某的辩护人所提三人系从犯，据此请求对三人从轻处罚的辩护意见。被告人张某犯罪以后自动投案，如实供述自己的罪行，系自首，且在案发后向被害单位退赔了部分违法所得，依法可以减轻处罚；采纳辩护人所提张某系自首且积极退赔，据此请求对其减轻处罚的辩护意见。被告人施某犯罪以后自动投案，如实供述了主要犯罪事实，后对部分犯罪事实翻供，但在一审宣判前又能如实供述，仍可认定为自首，且在案发后向被害单位退赔了部分违法所得，取得了谅解，依法可以从轻处罚并宣告缓刑，采纳辩护人所提施某系自首，且积极退赔，据此请求对其从轻处罚并宣告缓刑的辩护意见。被告人张某1虽不具有自首情节，但能如实供述自己的罪行，且在案发后积极退赔被害单位经济损失，取得了谅解，依法可以从轻处罚；采纳辩护人所提张某1如实供述且积极退赔，据此请求对其从轻处罚的辩护意见。被告人倪某犯罪以后自动投案，如实供述自己的罪行，系自首，且在案发后积极退赔被害单位经济损失，取得了谅解，依法可以从轻处罚并宣告缓刑，采纳辩护人所提倪某系自首且积极退赔，据此请求对其从轻处罚并宣告缓刑的辩护意见。依照《刑法》第二百七十一条第一款，第二十五条第一款，第二十六条，第二十七条，第六十七第一款、第三款，第七十二条第一款，第七十三条及第六十四条的规定，判决如下：

（1）被告人张某犯职务侵占罪，判处有期徒刑2年6个月；

（2）被告人施某犯职务侵占罪，判处有期徒刑1年3个月，缓刑1年3个月；

（3）被告人张某1犯职务侵占罪，判处有期徒刑7个月；

（4）被告人倪某犯职务侵占罪，判处拘役6个月，缓刑6个月；

（5）责令退赔违法所得，连同已退赔的赃款，发还被害单位；缴获的犯罪工具等予以没收。

【律师心得】

一、侦查阶段，及时了解和跟进案件进展，充分行使辩护权

侦查阶段是案件进入刑事诉讼程序后的第一个阶段。在这个阶段，如果辩护律师能够及时与办案机关沟通，在办案人员拿到第一手资料的同时接收到辩护律师的法律意见，并依据法律赋予辩护律师的权利合理提出申诉、听证等要求，这对减少办案人员有罪推定和避免遵循侦查机关思路办理案件起到较为关键的作用，并为后续变更刑事强制措施作了有力的铺垫。

二、审查起诉阶段，就案件定性问题向检察机关充分说明，协助检察机关梳理案件事实，尽可能将不利因素化解在起诉前

本案进入审查起诉阶段后，辩护人及时申请阅卷，发现侦查机关在"起

诉意见书"中对施某涉嫌虚开增值税专用发票犯罪事实的认定，事实不清、证据不足。（具体如前所述）

另外，就本案是数罪并罚还是择一重处罚的问题，辩护人又提出：

第一，张某利用其担任甲公司负责具体对接印刷业务的职务便利，通过要求供应商虚开增值税专用发票的手段，以达到侵吞甲公司财产的目的，是典型的职务侵占行为。

第二，在案证据显示虚开增值税专用发票只是手段，套取甲公司财产才是目的。据刑法理论，虚开和侵占两个行为之间应属于牵连关系，应择一重处罚。

第三，本案是一起共同犯罪，由于施某在共同职务侵占行为中起次要作用，根据相关刑法规定，对于共同犯罪中，应当以主犯的定罪予以定罪，并对从犯单独评价量刑。

第四，施某虚开的行为在客观上侵害了被害单位的财产所有权，且鉴定意见证明所侵占财产的金额已达到职务侵占罪数额较大的标准。

综上，应对施某以职务侵占罪一罪定罪。

经过辩护人与检察机关的充分沟通，本案在移送起诉时，检察机关删除了侦查机关要求追究施某虚开增值税专用发票罪的部分，仅认定施某构成职务侵占罪，为施某后续从轻量刑奠定了基础。

三、审判阶段，帮助审判机关查明案件事实，及时提出有利于被告人的主张

本案中，辩护人就案件定性发表如下意见：

（1）本案主犯张某利用其担任甲公司负责具体对接印刷业务的职务便利，通过要求供应商虚开增值税专用发票的手段，达到侵吞甲公司财产的目的，且数额巨大，对张某应按职务侵占罪定罪处罚。

（2）对张某的上述犯罪行为，施某从行为开始实施时就是明知的，这从施某本人最初的供述，同案被告人张某的供述及证人陈某等人的证言中可以

看出。

（3）在案证据显示虚开增值税专用发票只是手段，套取甲公司财产才是目的。据刑法理论，虚开和侵占两个行为之间应属于牵连关系，应择一重处罚。

（4）本案是一起共同犯罪，根据相关刑法规定，对于共同犯罪中从犯罪名的认定，应当以主犯的行为定罪，对从犯单独评价量刑。

综上，检察机关对施某以职务侵占罪移送起诉是正确的。

就本案的量刑部分发表如下建议：

第一，对施某应予认定自首。

本案的案发是基于施某对张某的检举行为，且施某在侦查机关要求配合调查期间（尚未被采取强制措施前），能够积极配合提供材料并主动交代涉案全部事实。据某区人民检察院不批准逮捕理由说明书，其中也认定施某具有投案自首情节。

据《最高人民法院关于被告人对行为性质的辩解是否影响自首成立问题的批复》，犯罪以后自动投案，如实供述自己的罪行的，是自首。被告人对行为性质的辩解不影响自首的成立。因此，本案中施某虽然在侦查阶段自认为构成虚开增值税专用发票罪，但该辩解是其对法律认识错误所导致的，不影响自首的成立。

第二，对施某应按从犯论处。

在案证据证明实施职务侵占行为是被告人张某一手策划的，其主观上侵吞公司财产的恶意明显，且有以"不给业务做"作为威胁，强迫各供应商虚开发票之嫌。施某协助张某侵占的甲公司财产均由施某分多次交付给了张某，所侵占的财产均被张某用于偿还赌债或个人挥霍，施某本人及公司均未从中获利。施某在职务侵占案中所发挥的作用明显要小于张某，且未获利，按从犯认定和量刑能够体现我国刑法罪刑相适应的基本原则。

第三，施某自愿退赔，已获得被害单位甲公司的谅解。

由于辩护人在侦查阶段和审查起诉阶段做了较为有效的辩护工作，本案在审判阶段并没有特别出彩之处，法院综合公诉人和辩护人双方的意见，认定施某协助张某利用虚开增值税专用发票的手段侵吞甲公司财物，且数额达到人民币 98 万余元，其行为构成职务侵占罪。鉴于施某存在自首、从犯等从轻、减轻或免除处罚的法定情节，以及存在积极退赔等酌定从轻情节，最终对被告人施某判处有期徒刑 1 年 3 个月并适用缓刑。

【法律链接】

《中华人民共和国刑法》

第二百零五条 虚开增值税专用发票或者虚开用于骗取出口退税、抵扣税款的其他发票的，处三年以下有期徒刑或者拘役，并处二万元以上二十万元以下罚金；虚开的税款数额较大或者有其他严重情节的，处三年以上十年以下有期徒刑，并处五万元以上五十万元以下罚金；虚开的税款数额巨大或者有其他特别严重情节的，处十年以上有期徒刑或者无期徒刑，并处五万元以上五十万元以下罚金或者没收财产。

单位犯本条规定之罪的，对单位判处罚金，并对其直接负责的主管人员和其他直接责任人员，处三年以下有期徒刑或者拘役；虚开的税款数额较大或者有其他严重情节的，处三年以上十年以下有期徒刑；虚开的税款数额巨大或者有其他特别严重情节的，处十年以上有期徒刑或者无期徒刑。

虚开增值税专用发票或者虚开用于骗取出口退税、抵扣税款的其他发票，是指有为他人虚开、为自己虚开、让他人为自己虚开、介绍他人虚开行为之一的。

第二百七十一条 公司、企业或者其他单位的人员，利用职务上的便利，将本单位财物非法占为己有，数额较大的，处五年以下有期徒刑或者拘役，并处罚金；数额巨大的，处三年以上十年以下有期徒刑，并处罚金；

数额特别巨大的，处十年以上有期徒刑或者无期徒刑，并处罚金。

国有公司、企业或者其他国有单位中从事公务的人员和国有公司、企业或者其他国有单位委派到非国有公司、企业以及其他单位从事公务的人员有前款行为的，依照本法第三百八十二条、第三百八十三条的规定定罪处罚。

《最高人民法院关于虚开增值税专用发票定罪量刑标准有关问题的通知》（法〔2018〕226号）

二、在新的司法解释颁行前，对虚开增值税专用发票刑事案件定罪量刑的数额标准，可以参照《最高人民法院关于审理骗取出口退税刑事案件具体应用法律若干问题的解释》（法释〔2002〕30号）第三条的执行规定，即虚开的税款数额在五万元以上的，以虚开增值税专用发票罪处三年以下有期徒刑或者拘役，并处二万元以上二十万元以下罚金；虚开的税款数额在五十万元以上的，认定为刑法第二百零五条规定的"数额较大"；虚开的税款数额在二百五十万元以上的，认定为刑法第二百零五条规定的"数额巨大"。

......

《最高人民法院研究室关于个人独资企业员工能否成为职务侵占罪主体问题的复函》（法研〔2011〕20号）

刑法第二百七十一条（职务侵占罪）第一款规定中的"单位"，包括"个人独资企业"。主要理由是：刑法第三十条规定的单位犯罪的"单位"与刑法第二百七十一条职务侵占罪的单位概念不尽一致，前者是指作为犯罪主体应当追究刑事责任的"单位"，后者是指财产被侵害需要刑法保护的"单位"，责任追究针对的是该"单位"中的个人。有关司法解释之所以规定，不具有法人资格的独资企业不能成为单位犯罪的主体，主要是考虑此类企业因无独立财产、个人与企业行为的界限难以区分；不具备独立承担刑事责任的能力。刑法第二百七十一条第一款立法的目的基于保护单位财产，惩处单位内工作人员利用职务便利，侵占单位财产的行为，因此该款规定的"单位"应

当也包括独资企业。

《中华人民共和国刑事诉讼法》

第二百八十八条 下列公诉案件，犯罪嫌疑人、被告人真诚悔罪，通过向被害人赔偿损失、赔礼道歉等方式获得被害人谅解，被害人自愿和解的，双方当事人可以和解：

（一）因民间纠纷引起，涉嫌刑法分则第四章、第五章规定的犯罪案件，可能判处三年有期徒刑以下刑罚的；

（二）除渎职犯罪以外的可能判处七年有期徒刑以下刑罚的过失犯罪案件。

犯罪嫌疑人、被告人在五年以内曾经故意犯罪的，不适用本章规定的程序。

《最高人民法院关于处理自首和立功具体应用法律若干问题的解释》（法释〔1998〕8号）

第一条 根据刑法第六十七条第一款的规定，犯罪以后自动投案，如实供述自己的罪行的，是自首。

......

犯罪嫌疑人自动投案并如实供述自己的罪行后又翻供的，不能认定为自首；但在一审判决前又能如实供述的，应当认定为自首。

15. 张某某污染环境案 [①]

邹 伟

辩护切入点

乙公司隐瞒不具有资质的事实，且未经甲公司允许擅自倾倒废水，造成污染，理应承担全部责任；

张某某主观上不具有污染环境的直接或间接故意；

污染环境罪的单位追诉对象为直接负责的主管人员和其他直接责任人员，本案被告人未直接负责废水处理事宜，故对其可不予追究污染环境罪。

【案情简介】

本案犯罪嫌疑人张某某为甲公司实际控制人，该公司主营水性羧基丁苯胶乳和水性聚丙烯酸乳胶贸易，在对原材料分装过程中会产生含有水性羧基丁苯乳胶和水性聚丙烯酸乳胶的废水。2015 年 11 月，张某某委托其公司员工犯罪嫌疑人王某某和乙公司范某某取得联系，双方口头约定由范某某负责处理甲公司产生的废水，废水处理费每吨 300 元至 400 元（低于危险废物处理市场价）。犯罪嫌疑人张某某和王某某在明知羧基丁苯乳胶和水性聚丙烯酸乳胶分装过程中产生的废水会污染环境的情况下，亦未查验范某某及

---

① 本案辩护律师为邹伟，提供法律服务期间为审查起诉阶段。

其公司是否具备危险废物处理相关国家资质，放任犯罪嫌疑人范某某及孙某某先后六次将从甲公司产生的废水非法排入上海市某某区某某镇某公路沿线数个窨井内，累计 100 余吨。废水通过窨井雨水管道流入附近沥河内，对环境造成严重污染。

2017 年 2 月 27 日，某某区环保局委托上海化工研究所对甲公司贮槽内的废液、某公路沿线两处雨水窨井内废液及沥河道内白色河水进行取样分析。经某某区环保局委托，2017 年 3 月 20 日上海市固体废物管理中心作出鉴定意见，甲公司贮槽废液、某公路沿线两处雨水窨井内废液均属于危险废物。

2017 年 3 月 29 日，上海市某某区环境保护局认为上述违法行为涉嫌违反《刑法》第三百三十八条，将该案涉及证据材料移送上海市公安局某某分局审查处理。

2017 年 4 月 1 日，某某公安局受理该案，并对该案立案侦查。后某检察院对张某某作不起诉处理。

本所律师正式介入案件后，立即前往看守所会见了犯罪嫌疑人张某某，听取了张某某的辩解，并前往案发现场调查了解情况。对于侦查机关向检察机关已经移送的卷宗材料进行了调取和阅卷。本案"起诉意见书"所认定的犯罪事实为：

2015 年年底，犯罪嫌疑人张某某开始经营位于上海市某某区某某镇的甲公司，主营水性羧基丁苯胶乳和水性聚丙烯酸乳胶贸易。为节约成本，犯罪嫌疑人张某某未经过相关部门审查，获取生产、环境影响评价等相应资质，超营业范围，违规分装胶乳、清洗胶乳桶，产生大量胶乳清洗废水。为此，张某某授意助理王某某通过网上查询，与犯罪嫌疑人范某某取得联系，双方口头约定：由范某某以每吨 300 元至 400 元（远低于危险废物处理费市场价）的价格，负责处理甲公司产生的废水。

自 2015 年 11 月至案发，犯罪嫌疑人张某某、王某某在明知羧基丁苯乳胶和水性聚丙烯酸乳胶分装过程中产生的废水可能污染环境的情况下，亦未查验范某某及其公司是否具备危险废物处理相关资质，放任犯罪嫌疑人范某某及孙某某先后 6 次将从甲公司产生的废水非法排入某某镇某公路路沿线数个窨井内，累计 100 余吨。废水通过窨井雨水管道流入附近沥河内，对环境造成严重污染。

2017 年 2 月 25 日，犯罪嫌疑人范某某、孙某某再次使用槽罐车违规处理甲公司清洗废水（4 车，约 20 吨），将废水通过某某镇某公路两处雨水窨井排入附近沥河内，造成河道大面积白色污染。为此，同月 27 日，某某区环保局委托上海化工研究所对甲公司贮槽内的废液、某某镇某公路两处雨水窨井内废液及沥河河道内白色河水进行取样分析。同年 3 月 20 日，某市固体废物管理中心作出鉴定意见，甲公司贮槽废液、某某镇某公路两处雨水窨井内废液均属于危险废物。

同时，针对上述"起诉意见书"所认定的犯罪事实，侦查机关提交了如下证据进行证实：

（1）犯罪嫌疑人污染环境的犯罪现场照片；

（2）犯罪嫌疑人范某某和朱某某个人银行账户交易明细、朱某某与范某某之间的网上转账受理单、甲公司开具的服务项目为抽废水的发票；

（3）上海市固体废物管理中心出具的危险废物鉴别意见；

（4）证人江某某等人的证言。

除此之外，"起诉意见书"中还特别明确了"犯罪嫌疑人张某某、王某某、范某某和孙某某对犯罪事实能够如实供述，并对相关书证进行了辨认和确认"。

【办理过程】

一、第一次会见当事人和申请变更强制措施的情况

（一）会见张某某初步了解情况

（1）张某某是甲公司实际控制人，该公司主要从事销售丁苯胶乳等化

工品，该物质根据化工检测院的检测报告可认定为一般物质。另据张某某陈述，环保部门针对甲公司污水池中废水取样并采取浸出毒性鉴别的方法，其检测结果为该废水含有二甲苯等有毒物质且毒性超标。

（2）办案部门认定张某某倾倒的废水数量达到100多吨（司法解释规定超过100吨属情节特别严重），但废水主要是甲公司在分装丁苯胶乳过程中，为清洗相关容器所产生的含有丁苯胶乳残留物的液体，实际废水中固废含量仅占废水总量的约3%~3.5%，因此不能简单将废水数量等同于危险物质排放量，应争取以废水中所含固废比例作为非法倾倒、排放的认定标准。

（3）甲公司委托乙公司处理上述废水，双方虽未签合同，但有发票和付款凭证，张某某强调其对乙公司违规倾倒废水一事并不知情。

（4）张某某是在公安机关电话通知后主动到派出所配合调查的，若张某某构成犯罪，也应争取认定具备自首情节。

（5）张某某为甲公司实际控制人，以甲公司名义处理废水，故本案应倾向于认定为单位行为。

（6）现张某某的口供对其并无特别不利的地方，但乙公司负责人范某某的供述可能对张某某不利，另王某某的口供情况不了解。

（7）本案发生后，区和镇相关领导非常重视，责令公安、环保等部门严查严惩此案。

（二）申请变更强制措施为取保候审

犯罪嫌疑人张某某因涉嫌污染环境罪被某某区公安局采取刑事拘留措施，辩护人鉴于以下几点理由，为张某某提出取保候审的申请：

（1）犯罪嫌疑人张某某主动配合公安机关的侦查和调查；

（2）鉴于张某某已经如实陈述涉案事实，且其他涉案人员也都处于羁押状态，不存在串供的可能性，不致发生社会危害性；

（3）张某某在甲公司担任总经理职务，全面负责公司的各项经营管理工作，系公司各项重要事务的决策者，其被采取刑事强制措施已极大影响了公司的正常经营；

（4）张某某个人身体状况和精神状况欠佳，长期以来有抑郁、胸痛、头痛和失眠的症状等，同时家里还有两个年幼的孩子需要照料。

综上所述，本案是一起单位犯罪，犯罪嫌疑人张某某作为涉案单位的主要负责人员，应当依法承担相应责任，但考虑到张某某对涉案行为并不知情，且未实际参与，应属情节较轻。事后能够积极配合侦查机关的调查，不存在串供、干扰证人作证以及伪造、毁灭证据等妨碍刑事诉讼活动的情形，具备自首情节，愿意积极履行赔偿责任，未造成严重后果，对其变更强制措施不致发生社会危险，另为了其能够亲自照顾两名幼儿，保护未成年人身心健康，故建议对犯罪嫌疑人张某某采取取保候审的非监禁强制措施。

但S市公安局某某分局认为对张某某变更强制措施为取保候审，可能有碍侦查，决定不予变更强制措施。

二、辩护人在审查起诉阶段的辩护意见

犯罪嫌疑人张某某因涉嫌污染环境罪被S市公安局某某分局报上海铁路运输检察院审查起诉。本所律师作为辩护人经向犯罪嫌疑人张某某了解得知：张某某作为甲公司的实际控制人，因下属委托不具备废水处理资质的乙公司代为处理废水而牵连涉案。本所律师认为犯罪嫌疑人张某某就本案存在管理失职之责，但基于下述理由尚不构成犯罪：

乙公司隐瞒其不具备废水处理资质的事实，且未经甲公司同意擅自将废水非法倾倒入雨水管道内，造成河道污染，理应承担本起污染事件的全部责任。

"无行为即无犯罪，亦无刑罚"，对于污染环境具体违法行为中"排放、倾倒"系一种客观行为，较容易理解和判断，主要依靠客观事实就可以直接认定。由于"倾倒、排放"行为直接作用于环境造成的损害后果较为明显，所以，"倾倒、排放"行为只要达到一定的数量、时间等要求，就可以直接判定构成污染环境罪。

本案中，污染环境的犯罪行为是由乙公司独自实施。虽然乙公司受到甲公司委托，但是乙公司故意隐瞒其不具备废水处理资质的事实，且未经甲公司同意擅自将废水非法倾倒入雨水管道内，造成河道污染。该行为是乙公司独自决定实施，并不在甲公司同意和授权的范围内，因此乙公司理应承担本起污染事件的全部责任。

犯罪嫌疑人张某某并未直接参与废水处理，仅交代下属王某某具体负责办理，并多次强调王某某要找有资质的废水处理单位，可见张某某主观上并不具备污染环境的直接或间接故意。

司法实践中，在处理环境污染犯罪案件中，判断犯罪嫌疑人、被告人是否具有环境污染犯罪的故意，主要是依据犯罪嫌疑人、被告人的任职情况、职业经历、专业背景、培训经历、本人因同类行为受到行政处罚或者刑事追究情况以及污染物种类、污染方式、资金流向等证据，结合其供述，进行综合分析判断。

实践中，具有下列情形之一，犯罪嫌疑人、被告人不能作出合理解释的，可以认定其故意实施环境污染犯罪，但有证据证明确系不知情的除外：①企业没有依法通过环境影响评价或者未依法取得排污许可证排放污染物，或者已经通过环境影响评价并且防治污染设施验收合格后，擅自更改工艺流程、原辅材料，导致产生新的污染物质的；②不使用验收合格的防治污染设施或者不按规范要求使用的；③防治污染设施发生故障，发现后不及时排除，继续生产放任污染物排放的；④生态环境部门责令限制生产、停产整治或者予以行政处罚后，继续生产放任污染物排放的；⑤将危险废物委托第三方处置，没有尽到查验经营许可的义务，或者委托处置费用明显低于市场价格或者处置成本的；⑥通过暗管、渗井、渗坑、裂隙、溶洞、灌注等逃避监管的方式排放污染物的；⑦通过篡改、伪造监测数据的方式排放污染物的；⑧其他足以认定的情形。

但在本案中，虽然甲公司委托的乙公司不具有废水处理资质，但这是由于乙公司主动隐瞒的结果。且张某某内心明知参与废水处理需要有相关资质，并多次对王某某强调需要找有资质的单位。可见，张某某对于乙公司未依法取得排污许可证而私自排放废水的情况并不知情，对污染环境不具备主观上的直接或间接故意，也不具有过失，因此其行为不构成犯罪。

王某某系以单位名义委托他人处理废水，且费用也由单位支付，相应利益也归于单位，若要追究刑事责任，则本案应当以单位犯罪论处。考虑到污染环境罪的单位追诉对象为直接负责的主管人员和其他直接责任人员，而张某某并未直接负责废水处理事宜，故对张某某可不予追究污染环境罪。

对于污染环境单位犯罪认定的具体情形，《刑法》第三百三十八条和两高相关司法解释并未作出明确规定，应当结合刑法关于单位犯罪的一般规定和相关解释进行认定。《刑法》第三十一条规定："单位犯罪的，对单位判处罚金，并对其直接负责的主管人员和其他直接责任人判处刑罚。"《全国法院审理金融犯罪案件工作座谈会纪要》规定："直接负责的主管人员，是在单位实施的犯罪中起决定、批准、授意、纵容、指挥等作用的人员，一般是单位的主管负责人包括法定代表人。"张某某系甲公司实际控制人，但并不是在单位中实际主管环保方面工作。其在明知生产中产生的废水废液不能随意处置的情况下，多次交代其助理王某某要找具有处理资质的企业进行废水处理。王某某作为直接负责废水处理事宜的主管人员，不仅未及时采取措施防止损失扩大、消除污染，而且指挥、安排人员继续冲洗，如若这一行为的目的是维护单位利益，体现单位意志，应当对王某某作为污染环境单位犯罪的直接负责的主管人员进行追责。张某某在具体工作中并未实际直接负责相关事宜，律师认为对其可不予追究污染环境罪。

由于涉案废水中有毒物质含量刚刚达到浸出毒性鉴别标准值，且张某某在事发后积极配合调查，立即停止生产，主动向某某镇环保所申请承担经济责任并最终赔偿了本次污染所造成的全部损失，根据2016年《最高人民法院、最高人民检察院关于办理环境污染刑事案件适用法律若干问题的解释》（以下简称为《环境解释》）第五条的规定，可以认定为张某某情节轻微，不予起诉。

《环境解释》第五条规定："实施刑法第三百三十八条、第三百三十九条规定的行为，刚达到应当追究刑事责任的标准，但行为人及时采取措施，防止损失扩大、消除污染，全部赔偿损失，积极修复生态环境，且系初犯，确有悔罪表现的，可以认定为情节轻微，不起诉或者免予刑事处罚；确有必要判处刑罚的，应当从宽处罚。"

最高人民法院、最高人民检察院、公安部、司法部、生态环境部印发的《关于办理环境污染刑事案件有关问题座谈会纪要》指出，各级人民法院、人民检察院要在全面把握犯罪事实和量刑情节的基础上严格依照刑法和刑事诉讼法规定的条件适用不起诉、缓刑、免予刑事处罚，既要考虑从宽情节，又要考虑从严情节；既要做到刑罚与犯罪相当，又要做到刑罚执行方式与犯罪相当，切实避免不起诉、缓刑、免予刑事处罚不当适用造成的消极影响。

本案中，犯罪嫌疑人张某某实施了《刑法》第三百三十八条规定的行为，但系初犯，有悔罪表现。且在事发后积极配合调查，立即停止生产，积极支付环境修复费用，赔偿本次污染所造成的全部损失，根据《环境解释》第五条，属犯罪情节轻微，根据《刑法》第三十七条的规定，不需要判处刑罚。依据《刑事诉讼法》第一百七十三条第二款的规定，可以对张某某不起诉。

综上所述，本案是乙公司违法处置废水所引发的环境污染案件，应直接追究乙公司及其负责人的法律责任；本案应以单位行为论处；张某某不具备污染环境的主观故意，未直接负责或参与污染环境的行为，且在事后积极赔偿全部损失，故建议贵院对犯罪嫌疑人张某某按不构成犯罪或犯罪情节轻微，作不起诉处理。

【判决结果】

检察机关经审查全部卷宗并听取辩护人的意见后，最终认定张某某的行为不构成犯罪，本案作不起诉处理。

【律师心得】

污染环境罪设立的宗旨是保护人类环境利益，划定环境利益的保护底线。环境利益核心在于符合人类正常生活存续需求的环境品质，当环境品质无法满足甚至威胁到人类正常生活存续需要时，环境利益就受到了侵害。

污染环境罪的法益在于为人类生活存续提供基础条件的环境利益，而非自然环境为人类带来的财产利益或精神利益，即所谓"生态学的人类中心的法益"[①]。环境利益，即严重污染环境行为侵害的利益[②]。环境犯罪具有独立性和体系性两大特点，其独立性标示着环境犯罪有其独立品格，在刑法评价上是不受其他犯罪制约的一种状态，其体系性意味着环境犯罪系由多个具体犯罪构成的体系[③]。

一、污染环境罪构成要件

本罪的客体是国家的环境保护制度，具体是我国《中华人民共和国环境保护法》《中华人民共和国水污染防治法》《中华人民共和国大气污染防治法》《中华人民共和国海洋污染防治法》以及《固体废物污染环境防治法》等法律法规中确立的环境保护制度。

本罪在客观方面表现为行为人违反国家规定，向土地、水体、大气排放、倾倒或者处置有放射性的废物、含传染病病原体的废物、有毒物质或其他危险废物，造成环境污染。具体包括以下三方面：第一，违反了国家环境保护的规定，即国家为保护环境所制定的各项法律、法规；第二，实施了排放、倾倒或者处置有放射性废物、含传染病病原体的废物、有毒物质或其他有害物质的行为；第三，必须造成了严重污染环境的后果。需要注意的是，本罪属结果犯，行为人非法排放、倾倒、处置危险废物的行为是否构成犯罪，应对其行为所造成的后果加以认定，如该行为造成严重后果，则以本罪

---

① 张明楷：《污染环境罪的争议问题》，载《法学评论》2018 年第 2 期。
② 李梁：《污染环境罪侵害法益的规范分析》，载《法学杂志》2016 年第 5 期。
③ 苏永生：《环境犯罪的独立性和体系性构建》，载《中国地质大学学报》（社会科学版），2018年第 9 期，第 23 页。

论，否则不能以犯罪论处。

本罪的主体为一般主体，即凡是达到刑事责任年龄，具有刑事责任能力的人，均可构成本罪。根据《刑法》第三百四十六条之规定，单位也可成为本罪主体。

本罪的主观方面为过失，即行为人应当预见自己排放、倾倒或者处置有害物质的行为可能造成环境严重污染的后果，因为疏忽大意而没有遇见，或者已经预见而轻信能够避免。

二、污染环境单位犯罪认定

环境污染罪中犯罪主体是指实施危害社会行为、依法应当负刑事责任的自然人和单位。其中，自然人主体是指达到刑事责任年龄、具备刑事责任能力的自然人；单位主体是指实施危害社会行为并依法应负刑事责任的公司、企业、事业单位、机关、团体。单位犯罪是指公司、企业、事业单位、机关、团体等单位实施的依法应当承担刑事责任的危害社会的行为。

刑法上只要符合主体要件的一般主体都可以成为污染环境罪的主体。但从司法实践的情况来看，相较于自然人而言，企业的规模大，造成环境危害程度更为严重，单位成为污染环境罪犯罪主体的案例也更多。特别是在我国的发展背景和要求之下，许多高耗能、高排放企业在追求经济效益的前提下，不断追求生产率，扩大生产规模，但未将生态环保放在企业发展的计划之中，导致生态环境案件层出不穷，具有较大的社会危害性。诸多单位在日常生产经营活动中会产生大量污染物，如治理则会花费大量的治污费，而行政罚款又远低于治污费，于是会出现"违法成本低、守法成本高"的现象，难以有效预防化环境污染事故的发生；而如对个人予以刑事制裁，则因单位的成员众多，难以确定具体的责任人。在这种情形下，单位犯罪频繁发生。

单位犯罪是社会发展的产物。与一般的单位犯罪不同的是，污染环境单位犯罪中，实施主体主观目的更多追求的是更大的经济效益而非为本单位谋求不正当的经济利益，而其损害的法益是人们对生存环境和资源需求的破坏，具有一定的特殊性。

对于环境污染单位犯罪主体的规制主要体现在以下相关规范中。《刑法》第三百四十六条规定，单位污染环境罪的，对单位判处罚金，并对其直接负责的主管人员和其他直接责任人员，依照本节各该条的规定处罚。2013年《环境解释》中也明确规定了单位可以成为污染环境的主体。2016年《环境解释》第十一条明确了单位实施环境污染相关犯罪的定罪量刑标准。

认定企业污染环境罪，首先要同时满足《刑法》第三百三十八条的构罪要件以及第三十条规定的"企业实施危害社会的行为"，对于犯罪构成，客观方面应满足：①"违反国家规定"，是指违反全国人大及其常委会制定的法律、国务院制定的相关行政法规、行政措施、发布的决定或命令；②实施了排放、倾倒和处置行为；③造成严重污染环境的损害后果。此罪为不纯正的单位犯罪，即自然人也可构罪。依据《刑法》第三十条"公司、企业、事业单位、机关团体实施的危害社会行为，法律规定为单位犯罪的，应当负刑事责任"之规定，对于污染环境罪而言，只要企业符合：①依法成立；②企业整体意志支配下行为；③为企业谋取利益；④以企业的名义进行的条件，都应当对该企业进行惩罚。

根据对司法判例的检索，近年来认定污染环境单位犯罪的比率明显呈上升趋势。在认定单位犯罪时，司法认定标准通常是为了单位利益，单位内部的成员之间按照单位的统一要求，在相互联系、作用、协调一致的基础上，形成一个完整的单位犯罪主体。因此假冒单位名义实施污染行为，抑或是实施污染犯罪行为之个人私分所获非法利益的，或者单位内部成员在没有得到单位决策机构批准、同意或者认可的前提下实施污染犯罪行为的，均不属于单位犯本罪的范畴。

单位意志的形成即单位决策，也就是说，单位主要负责人或分管负责人决定、同意，或知道或应当知道的，应为认定单位犯罪的关键。具体司法实践中，公司、企业、事业单位、机关、团体实施加害行为应经单位决策机构按照决策程序决定，或经单位主要负责人或分管负责人决定、同意，或单位主要负责人或者分管负责人明知行为人实施上述行为而不加以制止，也未及时采取有效措施防止损失扩大、消除污染的。在江苏嘉隆化工有限公司环境污染罪一审一案中①，法院经审查认定"被告公司江苏嘉隆化工有限公司在明知被告王某某无危险废物经营许可证的情况下，经公司直接负责人授意，将具有危害的废水交由王某某处理，严重危害环境安全，造成严重后果。法庭审理过程中，对被告单位直接责任人员、污染物数量、主从犯认定、法律适用及量刑问题进行质证，判定被告公司及相关人员构成环境污染罪"。

污染环境的行为产生的收益为单位所有，在司法实践中也是认定单位犯罪的关键要素。环境污染犯罪的主体多为营利性的企业法人，追求经济利益，对于社会利益的重视程度不够充分。这也就导致很多单位为了追求巨大的经济利益，而不履行保护环境的义务。且此类主体实施的行为对社会危害程度高，尤其是在水环境污染方面。在郑某某、刘某某、上海南珊物资利用有限公司等污染环境罪二审一案中②，法院经审查认定：上诉人郑某某以营利为目的，伙同南珊公司发货员刘某某从南珊公司发运"铁尾渣"至池州牛头山港，并将到港"铁尾渣"运至无任何环保设施的海易物流园露天堆放，致2000余吨"铁尾渣"长期弃于海易物流园，造成严重环境污染，其行为已构成污染环境罪；上诉人刘某某未经南珊公司销售负责人安排，私自向郑某某发运涉案"铁尾渣"，对环境污染事件应承担责任，构成污染环境罪共犯。上海南珊物资利用有限公司、安徽海易物流园有限公司、郑某某应对本次环境污染损害承担连带赔偿责任。

基于期待可能性理论，司法实践中诸多行为被排除于单位污染环境犯罪之外，仅对实施污染环境行为的自然人定罪处罚。例如，案发后单位被撤销、注销、吊销营业执照、宣告破产，或者判决时已经停产、单位无可供执行罚金的财产的，单位部分人员为谋取自身利益，实施污染环境行为的，

---

① 案号（2018）苏 0812 刑初 126 号，网址：http://wenshu.court.gov.cn/，访问时间：2021 年 3 月 21 日。
② 案号（2019）皖 17 刑终 17 号，网址：http://wenshu.court.gov.cn/，访问时间：2021 年 3 月 21 日。

等等①。

未办理许可证、环境污染行为持续时间等也是具体裁量单位犯罪中所需要考察的因素。在重庆程勋商贸有限公司、重庆晏诚金属制品有限公司等污染环境罪②一案中，法院经审查认定，程勋商贸有限公司及其法定代表人王某某在未办理危险废物经营许可证情况下，伙同张某某、晏某将从晏诚公司、斯迈得公司、华展公司装运的三车废酸及生产废水直接倾倒在重庆市长寿区化南二路一个雨水井内，对周边一小河造成一定污染。法院在认定涉案人员及单位是否构成污染环境罪过程中，行为因素是社会危害性评价的一个重要环节，但结果因素的考量也不能忽视。

三、污染环境罪中的"排除合理怀疑"

"排除合理怀疑"原则是 2018 年修订的《刑事诉讼法》中确立下来的一项重要证据规则，被认为是"相对真实论"证明标准的法律表达。关于污染环境罪中的合理怀疑及其排除有下列两个问题需要重视。

（一）对因果关系存在程度的合理怀疑

污染环境罪中对事实的合理怀疑主要来自对案件客观要素的怀疑，尤其是对因果关系的怀疑。由于污染环境案件中相关的排污行为与危害结果的发生往往存在时空阻隔，其因果关系的判定要比自然犯罪案件复杂得多。若将不属于排污行为所造成的结果归责于行为人，可能错误地使行为人承担刑事责任。

（二）对推定的危害后果大小的合理怀疑

污染环境行为中相对合理怀疑的排除也包括对推定的危害后果大小的修正问题，也就是需对相关证据表明的污染行为所造成的危害结果如财产损失、社会秩序的侵害范围等进行修正性确认。污染环境行为直接造成的财产损毁、减少的实际价值，以及为防止污染扩大、消除污染而采取必要合理措

---

① 刘晓光、马珣：《污染环境罪法律适用若干问题研究》，载《犯罪研究》2019 年第 2 期，第 83 页。
② 案号（2019）渝 01 刑终 78 号，网址：http://wenshu.court.gov.cn/，访问时间：2021 年 3 月 21 日。

施所产生的费用都可以理解为行为所造成的损失。但实践中防止污染扩大以及消除污染行为所造成的结果，因此支付的费用是否仍作为损失进行考虑，可能会扩大对造成损失的认定。

四、案件总结

本案中，辩护人接收和介入本案的时间并非一个好的时间点。辩护人介入案件时已经处于审查起诉阶段，本案属于污染环境案件，其中作为定罪量刑的核心材料是由环保部门所出具，而被告人在本律师介入前也已经对于侦查机关所提交的证据材料进行了确认。加之国家生态保护战略，使得司法机关在遇到本类案件时都会倾向从重处理。种种因素都使得本案似乎极具难度。

辩护人从所获材料中发现，本案对于事实认定中的因素似乎没有太多可以斡旋的空间，但在法律认定中仍有侦查、司法机关适用错误的地方。辩护人抓住这一关键点，对相关法律规范进行梳理总结，对污染环境罪中个人犯罪和单位犯罪加以区分，又对单位犯罪中对自然人的处罚主体进行界定，从中寻找突破口。最终将本案终结在审查起诉阶段中。

辩护人始终认为，无论是刑事案件抑或是民事案件，当事人以为的事实和意见并非当然属于法律事实和法律意见。辩护人或代理人的工作就是从专业角度出发，从当事人的事实陈述以及证据材料中提炼出合法有效的法律事实及意见，并通过合法、有效的方式得到司法机关的认可。如同本案，辩护人在审查起诉阶段以及法院庭审之前将辩护人的意见充分而有效地展现给检察机关以及审判机关，最终以一种"润物细无声"的方式使委托人的合法利益最大化。

【法律链接】

《中华人民共和国刑法》

第三百三十八条 违反国家规定，排放、倾倒或者处置有放射性的废物、含传染病病原体的废物、有毒物质或者其他有害物质，严重污染环境的，处三年以下有期徒刑或者拘役，并处或者单处罚金；后果特别严重的，处三年以上七年以下有期徒刑，并处罚金……

第三百四十六条 单位犯本节第三百三十八条至第三百四十五条规定之罪的，对单位判处罚金，并对其直接负责的主管人员和其他直接责任人员，依照本节各该条的规定处罚。

《最高人民法院、最高人民检察院关于办理环境污染刑事案件适用法律若干问题的解释》（法释〔2016〕29号）

第一条 实施刑法第三百三十八条规定的行为，具有下列情形之一的，应当认定为"严重污染环境"：

（一）在饮用水水源一级保护区、自然保护区核心区排放、倾倒、处置有放射性的废物、含传染病病原体的废物、有毒物质的；

（二）非法排放、倾倒、处置危险废物三吨以上的；

（三）排放、倾倒、处置含铅、汞、镉、铬、砷、铊、锑的污染物，超过国家或者地方污染物排放标准三倍以上的；

（四）排放、倾倒、处置含镍、铜、锌、银、钒、锰、钴的污染物，超过国家或者地方污染物排放标准十倍以上的；

（五）通过暗管、渗井、渗坑、裂隙、溶洞、灌注等逃避监管的方式排放、倾倒、处置有放射性的废物、含传染病病原体的废物、有毒物质的；

（六）二年内曾因违反国家规定，排放、倾倒、处置有放射性的废物、含传染病病原体的废物、有毒物质受过两次以上行政处罚，又实施前列行为的；

（七）重点排污单位篡改、伪造自动监测数据或者干扰自动监测设施，排放化学需氧量、氨氮、二氧化硫、氮氧化物等污染物的；

（八）违法减少防治污染设施运行支出一百万元以上的；

（九）违法所得或者致使公私财产损失三十万元以上的；

（十）造成生态环境严重损害的；

（十一）致使乡镇以上集中式饮用水水源取水中断十二小时以上的；

（十二）致使基本农田、防护林地、特种用途林地五亩以上，其他农用地十亩以上，其他土地二十亩以上基本功能丧失或者遭受永久性破坏的；

（十三）致使森林或者其他林木死亡五十立方米以上，或者幼树死亡二千五百株以上的；

（十四）致使疏散、转移群众五千人以上的；

（十五）致使三十人以上中毒的；

（十六）致使三人以上轻伤、轻度残疾或者器官组织损伤导致一般功能障碍的；

（十七）致使一人以上重伤、中度残疾或者器官组织损伤导致严重功能障碍的；

（十八）其他严重污染环境的情形。

第五条 实施刑法第三百三十八条、第三百三十九条规定的行为，刚达到应当追究刑事责任的标准，但行为人及时采取措施，防止损失扩大、消除污染，全部赔偿损失，积极修复生态环境，且系初犯，确有悔罪表现的，可以认定为情节轻微，不起诉或者免予刑事处罚；确有必要判处刑罚的，应当从宽处罚。

第十一条 单位实施本解释规定的犯罪的，依照本解释规定的定罪量刑标准，对直接负责的主管人员和其他直接责任人员定罪处罚，并对单位判处罚金。

《最高人民法院、最高人民检察院、公安部、司法部、生态环境部关于办理环境污染刑事案件有关问题座谈会纪要》

1. 关于单位犯罪的认定

……

为了单位利益，实施环境污染行为，并具有下列情形之一的，应当认定为单位犯罪：（1）经单位决策机构按照决策程序决定的；（2）经单位实际控制人、主要负责人或者授权的分管负责人决定、同意的；（3）单位实际控制人、主要负责人或者授权的分管负责人得知单位成员个人实施环境污染犯罪行为，并未加以制止或者及时采取措施，而是予以追认、纵容或者默许的；（4）使用单位营业执照、合同书、公章、印鉴等对外开展活动，并调用单位车辆、船舶、生产设备、原辅材料等实施环境污染犯罪行为的。

单位犯罪中的"直接负责的主管人员"，一般是指对单位犯罪起决定、批准、组织、策划、指挥、授意、纵容等作用的主管人员，包括单位实际控制人、主要负责人或者授权的分管负责人、高级管理人员等；"其他直接责任人员"，一般是指在直接负责的主管人员的指挥、授意下积极参与实施单位犯罪或者对具体实施单位犯罪起较大作用的人员。

……

11.关于严格适用不起诉、缓刑、免予刑事处罚

……

……各级人民法院、人民检察院要深刻认识环境污染犯罪的严重社会危害性，正确贯彻宽严相济刑事政策，充分发挥刑罚的惩治和预防功能。要在全面把握犯罪事实和量刑情节的基础上严格依照刑法和刑事诉讼法规定的条件适用不起诉、缓刑、免予刑事处罚，既要考虑从宽情节，又要考虑从严情节；既要做到刑罚与犯罪相当，又要做到刑罚执行方式与犯罪相当，切实避免不起诉、缓刑、免予刑事处罚不当适用造成的消极影响。

……